遇见厦门，这座城

YUJIAN XIAMEN, ZHE ZUO CHENG

藏羚羊旅行指南编辑部　编著

北京出版集团公司
北京出版社

图书在版编目（CIP）数据

厦门，这座城 / 藏羚羊旅行指南编辑部编著 . — 北京：北京出版社，2020.4
（遇见）
ISBN 978-7-200-15213-5

Ⅰ. ①厦… Ⅱ. ①藏… Ⅲ. ①旅游指南 — 厦门 Ⅳ. ① K928.957.3

中国版本图书馆 CIP 数据核字（2019）第 290446 号

遇见
厦门，这座城
XIAMEN, ZHE ZUO CHENG
藏羚羊旅行指南编辑部　编著
*
北京出版集团公司
北京出版社　出版
（北京北三环中路 6 号）
邮政编码：100120
网　　址：www.bph.com.cn
北京出版集团公司总发行
新 华 书 店 经 销
北京瑞禾彩色印刷有限公司印刷
*
710 毫米 ×1000 毫米　16 开本　14 印张　268 千字
2020 年 4 月第 1 版　2020 年 4 月第 1 次印刷
ISBN 978-7-200-15213-5
定价：59.80 元
如有印装质量问题，由本社负责调换
质量监督电话：010-58572393

前言

　　厦门如风,厦门如诗。在细雨怅然的季节里,对城市的幻想已悄然而至,懵懂、忙碌、纷乱要在哪里安置,有没有一个城市愿意接纳此时的我。标出有大海、有阳光、有温度、有古宅净院的地方。厦门!对,去那里用脚步丈量每一寸关于厦门的风土人情!

　　走进厦门,阳光明媚,海风阵阵吹人醉。温和的海浪轻敲着翡翠色的礁石,白鹭凌蓝空,波清随帆影,山水相依就是厦门最好的写照。波澜壮阔的大海,如诗如画的小岛,雄浑的建筑与激情的小巷,用力张扬着厦门的颜色。

　　漫步在厦门的街道,那种感觉只有一个词能表达——舒服。清新的空气,整洁的马路,幽静的街道,一座座令人赏心悦目的红砖瓦楼掩映在翠绿的林烟中。远远望去,这个城市犹如色彩斑斓的花朵,在温柔的暖风里静静绽放。无限美好在这个城市中冉冉升起,炫耀着诱人的风采,送入心田的是一幅美丽而醉人的图画。

曾一度执着地认为，厦门是一个很自我的城市，自由、坦然、惬意。后来渐渐地明白，厦门其实是一个包容的城市，时而简单，时而丰满。来到厦门，漫步在海滨大道、游历名胜古迹、尝遍各式特色小吃、回味名人往事，走街串巷，不同的时间，相同的地方，心情截然不同。

厦门的海水在阳光的映照下，令人浮想联翩。潮气迷漫的厦门，清新的海腥味弥散在空气中，闻名遐迩的厦门大学、名噪一时的鼓浪屿、古灵精怪的曾厝垵，娇柔而深情。远处的金门，那一湾海峡，牵动的东西太多，有政治的烙印，有外国列强的足迹，还有祖国母亲的期待。

太多的人，来了便不想离开。环顾青山，极目滨海，扑面而来的海风，夹杂着淡淡的、咸咸的味道，放眼望去，胸怀宽广。当百花齐放，当窗外海浪声声，海鸥经过的地方，是这个城市最深邃的表情。

话不完的厦门，道不完的境界，我想这是一个可以任心情自由翱翔的地方，它正张开双臂，随时准备迎接游人们的到来！

遇见
厦门,
这座城

遇见
厦门,
这座城

海风带来鼓浪屿的昨日往事
透过这些斑驳的建筑，仿佛触摸到了岁月的痕迹

钢琴码头 / 14
厦门鼓浪屿湾景旅馆 /17
赵小姐的店 / 20
德国领事馆遗址 / 22
日本领事馆旧址 / 24

天主堂 / 26
黄荣远堂 / 28
海天堂构 / 30
皓月园 / 32
李清泉别墅（容谷别墅）/ 36

管风琴里的海岛岁月
透过咖啡馆的玻璃窗，你是否听到了管风琴的吟唱

延平路 / 42
八卦楼 / 44
风琴博物馆 / 46
杨家园 / 48

杨桃院子咖啡旅馆 / 50
三一堂 / 52
日光岩 / 54

散落在小巷里的时光印记
漫步在鼓浪屿的小巷，你是否触摸到了昔日的时光

菽庄花园 / 60
鼓浪屿钢琴博物馆 / 63
林语堂故居 / 65
毓园 / 68

鼓浪屿音乐厅 / 70
再生海食堂 / 73
林文庆别墅 / 76
船屋 / 78

曾厝垵里的文艺复兴
曾经的海边渔村，今日的闹市

天上圣妈宫 / 86
环岛海滨浴场 / 89
闽南肠粉 / 92
ATU 胶片摄影 / 94

基督教曾厝垵堂 / 96
曾小闲 / 98
漫走后厨 / 100

厦大，一个充满文艺气息的高墙大院
伫立在海边的文化净土，它是这座城市最具文艺气息的地方

华侨博物院 / 106
厦门猫咪博物馆 / 109
南普陀寺 / 112
厦门大学 / 110
厦门大学群贤楼群 / 119
不止书店 / 122

厦门大学演武田径场 / 124
厦门大学人类博物馆 / 126
胡里山海滨浴场 / 128
胡里山炮台 / 130
琥珀书店 / 133
不辍旧物馆 / 136

集美，令一代爱国华侨眷恋的地方
一代爱国华侨的故乡，这里有对祖国深深的眷恋

MUSHROOM / 142
陈嘉庚先生故居 / 144
陈嘉庚纪念馆 / 147
归来堂 / 150

集美解放纪念碑 / 152
鳌园 / 154
集美大桥 / 156

颜料和霓虹交织在城市的夕阳里
寺院梵音交织的创意园,入夜的霓虹色彩斑斓

厦门美术馆 / 162
厦门博物馆新馆 / 164
松柏公园 / 167
天竺岩寺 / 169

观音寺 / 172
乌石浦油画村 / 174
华美空间创意园 / 177
锅炉咖啡 / 180

青春洋溢的南华路时光
文艺是怎样的模样,这里会给你最好的答案

南华路 / 186
厦门时光杂货铺 / 189
厦门城隍庙 / 192
REYI·厦门国际青年旅舍 / 194

Chello(沙坡尾店)/ 196
黄则和(厦大店)/ 198
晓风书屋(大学路店)/ 200

最多游客知道的厦门就在这里
中山路上的艳阳和入夜婆娑的身影

台湾公会旧址 / 206
1980烧肉粽(中山路店)/ 208
中山路步行街 / 210
新厦虾面(人和路店)/ 212

台湾小吃街 / 214
林记老思西沙茶烤肉(思西总店)/ 216
胖胖啤酒马 / 218
鹭江道夜色 / 220

海风带来鼓浪屿的昨日往事

初次踏上这座小岛,一定会被那些充满历史韵味的建筑所吸引,走走停停,一路感受鼓浪屿的昨日往事。

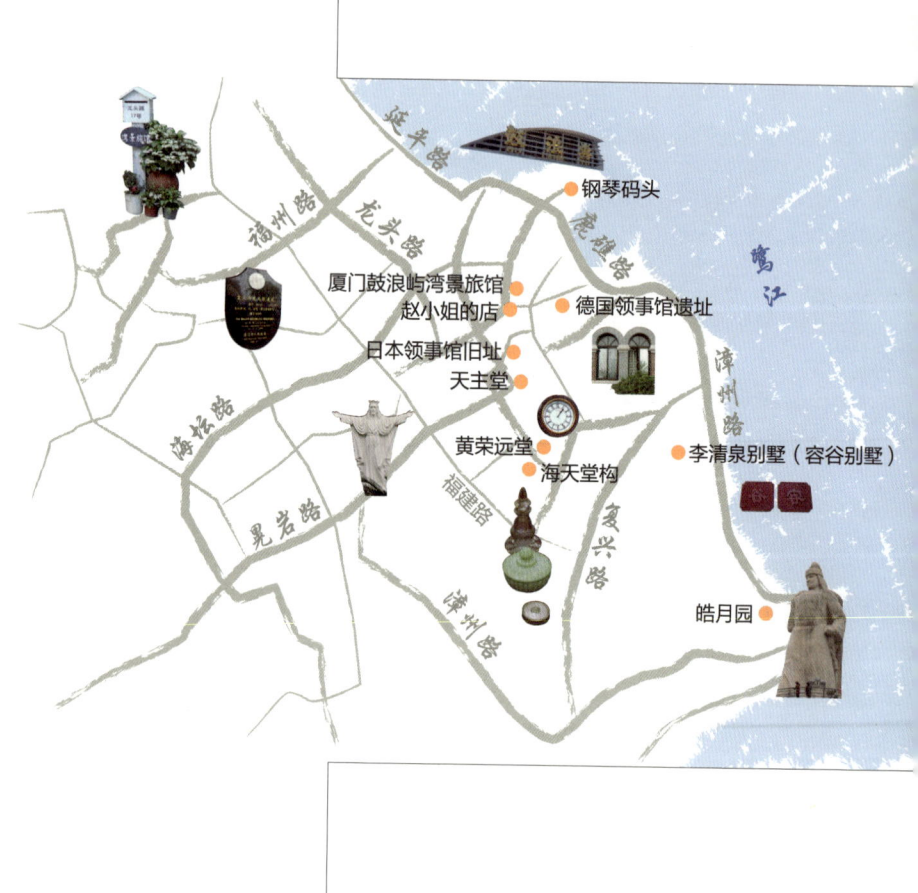

厦门，这座城

透过这些斑驳的建筑,仿佛触摸到了岁月的痕迹

在鼓浪屿的漫步让我爱上了轻跑。晨起换上轻松的便装绕着岛跑一圈,大概只花了30分钟。一身大汗之后通体舒服。都说在沙滩上行走其实是非常困难的,我却独喜欢在日光岩的海岸一带跑步,有一种飘逸到停不下来的追风少年之感。海水潮起潮落之间,沙子逐渐变湿,沙面虽不那么柔和,但海风却让心情飞上了天空。在蓝天白云下,没有什么比这更加令人享受的。

晚上,我喜欢在鼓浪屿的小巷子里转悠,巷子里经营店铺的人们几乎都是这里的居民,各式的花果茶店可以尝个够,精巧的小饰品只要你想淘,绝对能满足你各类的好奇心。最值得回味和推荐的就是那些做文化衫的小店,店主们可以即时作画,只有你想不到的,没有人家画不出来的。鼓浪屿上有一种特制的手工香皂,是当地人手工制作的,印着鼓浪屿的标志性建筑图案,用美丽的丝带缠绕。一方水土养育一方人,这里的人们用自己的智慧把游客留住,让人们记住了美丽的建筑和友善的民风。

鼓浪屿与其说是适合生活的小岛,不如说是适合颐养天年的地方,当我老了,我只想在这座岛上每天听着海水拍岸的声音,在岛上漫步,重温那渐行渐远的青春。

厦门，这座城

钢琴码头
美好的行程起点

还没登岛，就惊喜于这忽远忽近的钢琴声。悠扬的音调在海风中飘散开来，混合的空气夹杂着幸福和跳跃的音符，瞬间这座小岛的气质就被拉高了数个档次。是贵族！是优雅！如此地特别，难怪有一个特别的钢琴码头。

印象中码头与水有关、与船有关，而与乐器有关的码头是不是显得别有一番滋味呢？

在日出而作、日落而息的时间窗之下,陆续走过了很多地方,各地的码头也了解了不少,规模宏大的、古色古香的、豪华气派的,不一而足,但是能将码头与景区结合到令人浮想联翩的,钢琴码头绝对排在前列。这样一个声名远扬的标志性建筑,鼓浪屿景区居然将它设置为市民的专用码头,在白天的大部分时间只供本地市民或持本地社保卡的人使用。对于期望从这里开始鼓浪屿之行的游客,可就有些遗憾了,游客们只有在规定时间内才可以乘从东渡码头到钢琴码头的船。侥幸的是,我上了这艘船,内心欢快了许久,要不是亲自踏足,真心不知道这座码头有那么美。

  从厦门轮渡码头上船后,只需要几分钟的航程就能到达钢琴码头,从钢琴码头前往岛上的各个景点都很方便。从船上远远望去,蓝白色调为主的码头主体与配套的广场等建筑,就像一架张开的三角钢琴。此时我的心脏剧烈地跳动在这略有些雾气的海面上。这一刻的海风是如此乖巧,丝毫没有打扰到我,让我静静地伸开双手去拥抱这美丽的钢琴码头。

厦门，这座城

　　码头前的广场上人头攒动，岛上的居民、参观的游客、兜售的小贩，南腔北调、高声细语，汇聚成一篇篇生动美好的人间乐章，让刚下船的你不由自主地汇入其中，在这架巨大的钢琴上奏出属于自己的音符。

　　作为一个20世纪70年代就已经建成的轮渡码头，设计得如此富有想象力，就不难理解鼓浪屿上为何保留着如此众多风格各异的历史建筑。鼓浪屿之所以为鼓浪屿，并不是因为有那些不会说话的建筑，而是因为鼓浪屿人兼容并蓄的胸怀和尊重历史原貌的坚持。

厦门鼓浪屿湾景旅馆
花园中的旅馆

　　小岛上的住宿是一个让人纠结的问题，选了这个又爱上那个，似乎每个地方都想去尝试一下，但是，只有一个身体，只需要一张床，真是难以抉择。转了一圈又一圈，最后决定，每晚换个不同的地方，但愿还有富余的客栈可以让我任性一回。接下来先考察湾景旅馆。穷游之下，旅馆的价格还是不错的。各大旅游网站都可以直接预订，价格适中，关键是离码头特别近。

　　下船后,沿着去往原英国领事馆的方向步行几分钟,就能在绿树掩映中看到一栋黄色墙面的欧式小楼,精致小巧的木栅栏内外摆放着多种绿植,院内还有好几棵古树,高高的树冠优雅地在空中伸展着,在地上投下斑斑阴影。

　　这样一个精致、温馨的小楼,实在让人割舍不下,可以小小地满足一把内心无处释放的小资情怀。栅栏门上挂着的湾景旅馆的招牌,在欢欣雀跃地呼唤我:赶快进来享受属于你的风景吧。在前台办完手续,选了一间带阳台的海景房,拿着钥匙就可以开心地入住啦。等等,这是什么情况……为什么给了我一根骨头?该不会是前台错把那条大狗的玩具当成钥匙给了我吧?可那条大狗在我接过骨头的时候,只是懒懒地看了我一眼,丝毫没有心爱

之物被夺的愤慨啊！善解人意的前台微笑着给我解惑，他们将房间钥匙做成了各种造型，每个房间都不一样，有的是骨头，有的是条鱼，好有趣的钥匙。选择湾景旅馆，简直是选择了惊喜啊。如果是位小清新女孩，特别是喜欢花花草草、小猫小狗的女孩，一定会爱死这家旅馆的。

　　房间内的装修非常符合这家旅馆的特质，每个地方都很用心，虽然感觉装修的时间有点久了，但是非常有情调。安静、干净的欧式小楼，每个房间都有阳台，地理位置优越，价格适中，设施齐全，这样的旅馆，怎能不让人心动呢？

厦门，这座城

赵小姐的店
对祖母的满满回忆

从龙头路一直走下去，你就会看到一家很有特色的小甜品店，它就是赵小姐的店。这是店主为纪念其祖母（赵小姐）而开设的小店。它是一个二层的小店，英式风格的外观，楼梯口那一只金色的凤凰雕塑，靠窗的暗红色帘子，烧仙草用的墨绿色黑盖纸杯，还有隐约回响在耳边的邓丽君的老歌，衬托得这里到处都是小资情调，到处都是浪漫的气息。

小店的空间很大，你根本不用害怕拥挤或没有位子坐。深蓝色的墙壁、白瓷器、绿植，在这里你会看到色彩极致的美丽。桌前的流苏台灯、青花餐具、古典书籍、刺绣织品……这里的每一样摆设都独具匠心，让你感觉像是走进了闺中小姐的绣房，精美雅致。你还可以尝尝这里的闽南工夫茶，还有店中很受欢迎的烧仙草，装烧仙草的是别致的花纹瓷碗，再配上别致的勺子，很大一碗。红芸豆、葡萄干、芋圆粒这几样东西有点甜，配上略苦的烧仙草，甜度正好。但赵小姐的店里最受欢迎的还是绿豆馅饼、红豆馅饼、柚子馅饼等美味的馅饼。需要注意的是，店内的凤梨酥因为使用的是传统工艺，并没有添加防腐剂，所以保质期很短，千万不能久放哦。

厦门，这座城

德国领事馆遗址
与历史相关的旧址

　　鼓浪屿这样一个美得不可方物的地方，其实也有着战争、被欺压的混乱和过往。1842年，清政府被迫签订《南京条约》，第一次鸦片战争结束，厦门被辟为五口通商口岸之一，之后西方各国陆续在厦门设立领事机构，并大多将领事机构选址在鼓浪屿，这就是目前鼓浪屿上领事馆遗址众多的原因。事实上，放到今天，这些建筑依然很特别。可这么美的地

方,却曾经是洋人胡作非为的地方,这么好的环境却曾是洋人的别墅。

1870年设立的德国领事馆,是一栋独立的二层小楼,典型的欧式风格,4～6米的层高,高大宽敞的走廊。现在这里被改造为鼓浪屿国际青年旅舍,在背包客中收获了很多好评。院墙上挂有原德国领事馆遗址标牌,表明这栋小楼的历史用途,标牌下用简单文字描述了现在这栋小楼的用途和所提供的产品。

德国领事馆旧址是保存比较完好和妥善利用的领事馆遗址,至今已屹立百年,且如今仍能正常使用。大到红砖砌就的亭台楼阁,小到古老的吊灯、壁灯、实木的桌椅板凳,处处显露出建造者的严谨作风。

领事馆是两国交流的窗口,是外交人员工作和生活的重要场所。纵观我国近代史,晚清时的中国为弱小之国,而中国今又回到了大国的行列,看着我们领土上的一个又一个领事馆的旧址,让人不禁感叹祖国的发展和强大。

日本领事馆旧址

前事不忘，后事之师

穿过一幢又一幢旧楼，虽有花香，却没人气。远远地就看到了日本领事馆旧址。

日本领事馆建于 1897 年，当时，甲午战争刚刚结束 3 年，清政府在中日甲午战争中一败涂地，被迫签订了中日《马关条约》，再一次以割地、赔款结束了战争，从此，日本开始了对中国的蚕食。日本强迫清政府在厦门设立了专管租界，并在鼓浪屿设立了日本领事馆。

　　领事馆为两层结构,使用了最正宗的英国维多利亚时代的建筑样式,上层居住下层办公。随着日本对中国入侵的加剧,1928年他们又在领事馆东侧建造了具有东洋特色的日本警察署和宿舍,地下室是座监狱,在抗日战争期间,日本警察署在这座监狱中关押、残害了很多抗日志士。如今遗留在墙壁上的斑斑血迹,在述说着侵略者的残暴;抗日志士写下的抗日标语,在述说着民族脊梁不屈的抗争。

　　到日本领事馆参观,每个人都能切身体会到历史的沉重,可历史往往就是这么残酷。从这个小小的日本领事馆,我们可以窥见历史的一角,从这历史的一角去了解历史。一个民族,不能忘记历史,特别是不能忘记国家与民族的苦难史,否则就不会有未来和新生的力量,我们要铭记的不是民族的仇恨,而是和平的可贵。

　　日本领事馆旧址是中国落后与苦难的见证,落后与苦难已经过去,但这里不能被忘记,在这里感悟历史,才能让我们走得更远,走得更稳。

天主堂

厦门地区唯一的哥特式教堂

教堂到底是洋人的足迹,还是传教士的住所?我一直在思考,为什么只要有过洋人足迹的地方就一定会有一个与之信仰相关的教堂。

鼓浪屿上的天主堂,是目前厦门地区仅存的一座哥特式教堂。该处原为西班牙领事馆,后改为法国领事馆。1916年,厦门教区新任主教马守仁,从法国人手中得到了这处建筑,将此地作为主教楼,其后修建教堂,作为主教座堂。

这座天主堂,是一座哥特式单钟楼教堂,不过钟楼上没有大钟,不知道是原来建造时就没有呢,还是后来被毁坏了。天主堂坐西北朝东南,采用早期最简单的巴西利卡式样,4个尖拱形成主厅,呈拉丁十字形,整座教堂以哥特式尖塔为主,门、窗、女墙大多都是尖形的,四层塔式尖顶,层次分明,尖端十字架高耸挺立。外墙为纯白色抹灰,圣洁典雅,让人身心为之一清。

厦门主教将主教座堂设在鼓浪屿,与当时鼓浪屿上领事使馆众多、外国人众多不无关系。领事使馆的外国人,作为教徒没有教堂很不方便,并且他们常年远涉海外,也需要寻找一个心灵的寄托之地。作为游客,我们来到天主堂是参观游览,只关心建筑雄不雄伟,景色美不美丽;而作为教徒,这里是他们心灵的寄托之所。

厦门，这座城

黄荣远堂
最浪漫的别墅

　　黄荣远堂在 2013 年被国务院确认为全国重点文物保护单位，不知道是什么原因，在中国唱片博物馆开放之前，多年来一直不对外开放。而今随着博物馆的开放，百年古建与百年唱片相结合，愈发地吸引着众多游客前往。

　　黄荣远堂的大门很有意思，两侧门房边各有一棵巨大的榕树，将整个大门和门户都覆

盖住，就像两个守关的大将一样守在别墅大门的两侧。隔着铁栅栏远观别墅，为西式风格建筑，大大小小的廊柱、大幅的石雕，极具古罗马风韵，视觉冲击力十足，怪不得《夜半歌声》等影视剧作品会将这里作为主要拍摄地。

沿着黄荣远堂的围墙随意走走，清晰可见的巨大罗马柱，西式拱形窗，布局规整的花园，考究的喷泉池，无不在讲述它曾经的奢华和风光，虽历经百年，仍经久不衰。由此也可以理解为什么那么多的华侨，在背井离乡多年后，一旦事业有成，都要回到国内来置业建楼。在海外再怎么风光，那里毕竟是别人的地方，在自己的土地上，将海外美好的东西搬回来，既是给家乡的父老开阔眼界，也是给漂泊在外的人留一个落叶归根的归宿。

黄荣远堂似乎与音乐有不解之缘，曾作为南乐社的演出剧场，中国唱片博物馆也将这里作为栖身之所，这座鼓浪屿上最浪漫的别墅将向广大游人展示出属于它的魅力。

厦门，这座城

海天堂构
时尚精致的中西式结合

建筑群按中轴线对称布局是中式传统建筑的特色，如北京故宫、人民大会堂等，而在鼓浪屿，因受西方建筑风格的影响，按照中轴线对称布局的别墅建筑群唯有海天堂构。

海天堂构共有 5 栋老别墅，坐落于福建路上，是厦门市政府确认的重点历史风貌建筑之一，整个建筑群规模宏大，保存完好，两侧副楼风格更接近西方建筑，大罗马柱、阳台、

窗饰等，极具欧陆风情，而最具特色的，是位于中轴线上的主楼。屋顶采用的是仿古宫殿式，重檐歇山顶，四角高高翘起，在楼顶前部，类似欧式宫殿的阳台被别具匠心地做成了传统四角亭的样式，影壁上的花鸟画、门窗廊厅上的装饰一个不少。主楼的廊柱也是传统的方形，由红砖砌成，而不是罗马柱，使得整栋别墅显得格外稳重，色调自然和谐，将中式建筑的严谨、大气和西方建筑的简单实用完美结合。

海天堂构的5栋老别墅中开放了3栋，34号是南洋风情咖啡馆，点一杯咖啡，在这当年华侨建造的别墅中回顾他们的生活，品味悠闲的咖啡时光；42号为南音和木偶戏的演艺中心，在这里可以看到南方传统演艺的精彩表演；主楼38号则是鼓浪屿建筑艺术馆，鼓浪屿本身被称为"万国建筑博览会"，每个老别墅背后都有很多鲜为人知的往事，在这里很多疑惑都会得到解答。

建筑本身最主要的目的是实用和居住，不论中式还是西式，两种风格并非格格不入，兼容并蓄、各取所长才能更有生命力，海天堂构在近百年前就为我们做出了示范。

皓月园

浪淘尽多少风流人物

在介绍鼓浪屿的资料中，经常会出现一座巨大的人物雕像，那是一位身着明朝袍服的武将，按剑而立，隔着鹭江凝望着厦门方向，这就是坐落于鼓浪屿东部海滨皓月园中的郑成功巨型石像，是郑成功纪念园的标志性建筑，也是鼓浪屿的标志性建筑之一。

皓月园不是鼓浪屿上遗留下来的传统老建筑，而是在20世纪80年代由厦门市政府投

资建设的，专为纪念从荷兰人手中收复台湾的郑成功，因此亭台楼阁、水榭均为明代风格。园内广场上有大型青铜浮雕，生动再现了郑成功挥师东渡、驱逐荷夷、收复台湾的历史场景。

　　当年的鼓浪屿，曾是郑成功的重要据点。清军入关后，郑成功随同其父拥立明宗室，在福州建立政权、招募训练军队，并屡次退回厦门坚守。现如今，在鼓浪屿的多个地方还留有当年屯兵营寨、练兵操台等遗址。

　　几百年的岁月冲刷，曾经强盛的封建王朝已经灰飞烟灭，历史车轮滚滚向前，磨灭了多少是是非非，可岁月始终无法磨灭的，是人们心中对那些忠于民族、矢志不渝的英雄人物的敬仰和向往，正是一个个的"郑成功"，激励着中华儿女拼死抗争、奋勇前行，才实现了中华民族的复兴。

　　皓月园中那座巨大的郑成功石像，在每一个热爱这片土地的人心中永垂不朽。

厦门，这座城

李清泉别墅（容谷别墅）
鼓浪屿上保护最好的别墅

  李清泉别墅由菲律宾华侨李清泉出资建造，1926年建成。李清泉家族在菲律宾从事木材生意，号称菲律宾木材大王，因此其别墅建造时使用了赤楠等名贵木材，别墅在2002年被厦门市人民政府确认为重点历史风貌建筑。

  小小的鼓浪屿上有各类别墅上千座，李清泉别墅是保护得最好的。这座别墅一直都是

李家的私宅，直到现在，李清泉的后人仍然在这里居住、生活。想要到别墅参观，一定要注意和主人做好沟通，毕竟这不是公共场所，不能影响别人的正常生活，如遇到主人家不方便让人参观时也要多多理解。

沿着旗山路走来时，便能看到道路尽头占地3 000多平方米的别墅，在别墅外面就能看到里面高大挺拔的南洋杉。大门简单古朴，门柱主体使用密缝的清水红砖，均匀美观，铁艺院门上有"容谷"二字。据李清泉夫人的外甥孙女李清月女士在回忆录中阐述，因在门口有一株数百年的老榕树，像树神一样庇护着这栋别墅，而整栋建筑又是由山石搭建，因而取名"榕谷"。现在不知道是什么原因，变成了"容谷"。

别墅是欧式的三层建筑。通高的罗马柱，五颜六色鹅卵石铺就的园中小径，中式传统的假山，欧式的雕塑喷泉，精心修剪的名贵花木，在园中闲逛一二已是一种享受。

正门旁边有个侧门，看门老伯人很好，只要没有特殊情况都会让游客进去转一转，估计主人家也是希望更多的人能领略如此美景。

景美、人善，或许这也是容谷别墅历经百年仍能屹立不倒的原因。

管风琴里的海岛岁月

鼓浪屿是一座被艺术气息笼罩的"桃花源",无论是风琴声里的回响,还是一杯咖啡的飘香,这里有这座小岛上艺术气息最为浓厚的一角。

厦门，这座城

透过咖啡馆的玻璃窗,你是否听到了管风琴的吟唱

鼓浪屿这个充满魅力的小岛,即使待上一个星期,也觉得没能彻底了解它。第一天的行程以一些知名的建筑群为主;第二天开启的是特色之行,在这座小岛上寻觅各类特别的场所,有咖啡馆,有唯美浪漫的餐厅,有各式花园式的旅馆。一个"奇"字已很难概括出这座海岛的与众不同,在印象中这座小岛似乎吸引了很多有才华、有特殊才气的人到这里。而小岛上的文化又是开放式的,包容了各类的人群和文化,特色小店的装修都是各有特色,就算是一个书店,也别具一格。不管是什么样的商品市场,似乎都不单一地展示商品,而是展示店主的性格和文化爱好,似乎你不是走进了一家商店,而是进行了一场又一场对不同性格人群的鉴别和欣赏,体验到了不同文化的汇集之美。

在鼓浪屿的每一天都是有主题、有目标的,小岛上的千姿百态需要花时间去琢磨,这对于智力和体力都是挑战,随性最好,走到哪儿算哪儿,只要有收获就是充实的。在花海的世界里徜徉,走街串巷,每一份美好都留在记忆深处,把美好带给不同的人是最充实的快乐!

漫渡 厦门，这座城

延平路
海鲜小渔村

都说海岛上的人长寿，这与他们以海鲜为食有着密切的关系，当然海风徐徐、空气清新也是关键的因素。到了海岛自然要去品尝那里的海货，呼吸清新的海风，也满足一下自己长寿的愿望。

鼓浪屿上知名的海鲜市场都在延平路，其实那里不是一个海鲜市场，只是因为那里的人都对外提供海鲜烹饪、购买的服务，因此就成了最大的海鲜市场。来延平路的人分两种，

一种是想租船与渔民们一起出海捕鱼、享受一天的渔夫生活,在我看来这也是一种拾趣的生活;另一种是吃货型,见到海货撸起袖子就开吃的一类,这类大多数为海鲜爱好者,来了海岛,几乎也不观光,上来先找地方品海货。而我是属于二者之间的类型,既想拾趣,又是个吃货。

　　延平路说大不大,说小却也不小。几百米长的集市里有上百家大大小小的铺面,主要经营新鲜和高品质的鲜活产品。从饭店厨师到家庭主妇,每个来延平路的人都面带微笑、兴奋不已,人们对食物的喜爱充分地表现在了脸上。

　　扬帆出海是游览延平路不错的选择,人少的话可以和别人一起拼船,一艘船据说最多的时候可以一起载上12个人出海。我是随着人流拼的小渔船,渔船看着很简陋,速度却不紧不慢,在海面上游刃有余。渔船行驶的过程也是让人最为享受的时光,海水咸咸的滋味在空气中弥漫,海鲜的腥味迎着海风扑鼻而来,有紧张也有欢笑,在海中央撒下一轮又一轮的网,收获的心情是极美的,运气好的话还能看到海豚,可惜我只看到了照片。古朴而接地气的海上之行是在大获丰收中结束的,我想这才是延平路的魅力。

　　延平路让我记住了大海,也让大海拥抱了我,海鲜的记忆也令厦门之旅更加精彩。

八卦楼

鼓浪屿上的小白宫

从日光岩的角度看下去，有一个红屋顶会抢先跃入眼帘，它就是大名鼎鼎的八卦楼，是鼓浪屿的标志性建筑之一。传说中的八卦楼或许与太极有关，它代表了中国古老文化的发展，也见证了古代人们的智慧和对哲学的追求。八卦楼始建于清光绪三十三年(1907年)，总建筑面积3 710平方米，高25.7米。圆顶高10米，有8道楼线，置于八边形的平台上，顶窗呈四面八方二十四向，故称"八卦楼"，是厦门近代建筑的代表作。从日光岩朝北俯瞰这座楼的视野是最好的，可以俯瞰到整幢楼的全景，颜色也异常引人注目。

管风琴里的海岛岁月

　　八卦楼秉承了中外经典建筑风格，是一幢融合了中西方文化的独特建筑，充分展示了中西结合的古典美。这一次登上岛屿，第一个参观的就是八卦楼，因为是清晨，参观的人很少。慢行在参天古树的树荫下，远离城市的喧嚣，即便坐在长椅上放空也会得到前所未有的安宁。

　　行走在鼓浪屿的小路街巷，身边飘浮着柔和的、潮湿的空气，看得见在那花丛里还有偶尔闪光的露珠，仿佛和周边的建筑融为一体，置身在一幅油画当中，瞬间觉得自己文艺气息爆棚。清晨的光线很适合拍照，八卦楼的每一面都很独特很有韵味，只要你慢下来欣赏，可以尽情享受旅行带给你的不同惊喜。

厦门，这座城

风琴博物馆
国内唯一的风琴博物馆

　　鼓浪屿文艺气息浓厚，岛上著名的钢琴博物馆名声在外。很多人在看到风琴博物馆时，都将其和钢琴博物馆混为一谈，实际上这是两个完全独立的博物馆。以原有八卦楼为主体的风琴博物馆，是目前国内唯一、世界最大的风琴博物馆。

　　鼓浪屿上的别墅风格迥异，每一幢都有一个属于它自己的故事。一走进风琴博物馆的大门，就被馆里雄伟磅礴的气势、肃穆庄严的气氛所感染，映入眼帘的是收藏家胡友义先

生在美国波士顿购得,名为"凯思文特"的巨型管风琴,它高13米,宽12.5米,重35吨,共有7 451个风管和133个音栓,是目前国内最大的管风琴。馆内展示了5 000多台不同年代的风琴,有88件馆藏品,分别产自英国、德国、美国、澳大利亚、意大利、法国等多个国家。馆中有教堂用的管风琴,有法国最著名的簧片风琴,有以前专供有钱人使用的"爱奥里安"风琴,有带镜子的风琴,有带烛台的风琴。这些风琴最大的数层楼高,最小的有如手提行李箱,最古老的为19世纪生产,已有近200年历史。

风琴博物馆很适合文艺青年和音乐爱好者。即便我对音乐一窍不通,但在风琴博物馆里仍然可以感受到浓郁的艺术氛围。如果幸运的话还可以欣赏到管风琴演奏,据说名家的演奏也不少,有很多人为了名家演奏特意上岛,当然对于旅行的我来说,这时就没有那份心情停留在欣赏音乐之中了。

意外的收获不得不说一下,走出博物馆已是下午5点左右,突然发现小岛景色是那么迷人,夕阳西下,看着远处的厦门和鼓浪屿上星星点点的红屋顶,与心爱的人一起漫步,好不惬意。

杨家园
鼓浪屿十大别墅之一

顺着安海路往码头的方向走,在安海路和鼓声路的拐角,有一片风格很统一,并且颇具气势的红色建筑,这就是鼓浪屿十大别墅之一的杨家园。在厦门看到别墅是很平常的事,厦门的普通工薪阶层,早期选择住宅的时候都中意跃层或者别墅。这与他们爱生活、爱享受生活的心态有很大的关系。感觉生活在厦门就是一种漫生活,一种浪漫且缓慢的生活。这是厦门的节奏,也是厦门人的理念。

杨家园一共有4栋别墅，每一栋都有自己的风格，不仅华贵秀美，而且经过历史的沉淀更为复古、大气。杨家园内是一个敞开式的花园，百花芬芳斗艳、果香弥漫，好多情侣选择在这里拍婚纱照。对着门栏、花园、石凳、石桌随手一拍，都美到可以用来当电脑桌面，而在阳光照射下的杨家园因为人们的到来有了灵气，整座园子也极力地配合着人们，人们犹如蝴蝶般在这美丽的花园中舞蹈。

杨家园现在被分成了三个部分，其中一部分就是杨家园酒店，以前是大户人家的宅子，古色古香、绿意幽幽，可饱览鼓浪屿及厦门轮渡海港风光。旁边就是鱼骨艺术馆，这里距离三丘田码头不远，走到龙头路也很近，出来就是一条小吃街，地理位置优越，动静皆宜。而且酒店前台的服务特别棒，虽然选择的出游时间是出游旺季，但酒店管理井然有序，办理客房登记、入住到离店都很顺利。

倚靠在古老的花雕窗前，静静地品味一抹茶香，瞭望远处繁忙的码头、嘈杂的夜市，这里让我暂时地逃离了眼前的那一片喧嚣热闹，得以享受片刻的幽静。

杨桃院子咖啡旅馆

质朴简洁，浪漫幽静

　　一直觉得鼓浪屿就是个大花园，有花园式的建筑也有花园式咖啡旅馆。鼓浪屿的安海路浪漫幽静，且集中了岛上许多著名建筑，杨桃院子咖啡旅馆就在这条路上，紧邻杨家园与昔时英华书院（现为厦门二中），八卦楼、番婆楼、三一教堂也近在咫尺，住在这里可以近观花园洋房，远观风琴博物馆等建筑。相比鼓浪屿其他的小资情调酒店，这家旅馆质朴简洁，进入院门就被一片黄鳝藤（俗称炮仗花）所吸引，因它橙红鲜艳，连串着生，垂

挂树头,极似鞭炮而得名,春节期间十分应景儿。进门的一瞬间就给人满室的浪漫与温馨。这里直线条的造型,简约风格的搭配,干净、整齐的房间,让人顿时觉得轻松、舒适。值得一提的是,前庭的一个露天长吧台,令人马上切换到度假模式。

　　房间布置古朴、典雅,驱蚊水、电蚊香一应俱全。服务没得挑剔,店家第一时间提醒天气、到店路线、发送位置,十足地贴心。早餐非常丰富,中西搭配,还有时令水果,第二份早餐有优惠,还是很划算的。相比标准化布置的星级酒店,这里既有星级酒店的服务,又有家的温馨、舒适。旅途中,唯有慢点才能心静,才能用心去享受过程的美好,享受每一杯茶的滋味,享受每一次的相聚。专注于每一个当下,以平静的心去对待身边的人和事。漫生活,每个人都可以拥有。

三一堂
见证爱情的建筑

鼓浪屿上最受情侣和婚纱摄影师们喜爱的地方就是三一堂。三一堂既是宗教场所，也书写着关于鼓浪屿的宗教故事。

据资料介绍，三一堂的主体建筑在1934年基本落成（由于种种原因，堂内天花板的装修及屋顶八角形钟楼的工程延至1945年秋才修建完成）。1935年1月8日三堂会长执联合会在厦门基督教青年会召开，厦门区会亦派人参加，会议决定把新堂会定名为三一堂，三一堂既寓意三个教会联合兴建之意，更蕴含圣父、圣子、圣灵三位一体的教义。

　　三一堂的建筑风格别具一格，得到了国内外专业人士的肯定，属于近代优秀建筑，2006年5月25日被国务院公布为第六批全国重点文物保护单位。三一堂呈十字立体式的罕见造型，远远望去若不是因为有十字架的标识，还以为是一座豪华的别墅。从笔山洞出来，一眼便可认出三一堂。大部分时间这个教堂都是不开放的，而在开放的时间内则可以免费参观。

　　三一堂面积不大，教堂主体的面积比较小，庭院落落大方，很质朴，没有那么多华丽的装饰，但依然庄严肃穆。在三一堂正好赶上一场礼拜，我很恭谨地跟着听了会儿。

　　三一堂平时不开放的时候便成了婚纱照的取景胜地，见证着纯洁的爱情。诚恳地说，随便一拍都有大片的既视感，几乎不需要修片，不管是色彩还是景观都是一流的，喜欢拍照的朋友一定要在三一堂多多取景，会有意想不到的收获。

日光岩
全岛最高点、人文胜地

在鼓浪屿远远地就能看到两块一横一竖相倚而立的巨石，那就是著名的日光岩。上岛后，走很久才能抵达日光岩。日光岩俗称"岩仔山"，别名"晃岩"，相传1641年，郑成功来到晃岩，看到这里的景色胜过日本的日光山，便把"晃"字拆开，称之为"日光岩"。

日光岩游览区由日光岩和琴园两个部分组成。日光岩耸峙于鼓浪屿中部偏南，是龙头

山的顶峰，海拔 92.7 米，为鼓浪屿最高峰。半山腰有一个观景平台可以小憩，但观景平台很小，如果是在旅游高峰期不推荐到此，可以选择清晨或黄昏，亦别有一番景色。日光岩台阶比较陡，行走时要多加小心，但整体并没有感觉很累。日光岩的北麓就是郑成功纪念馆，是 1962 年 2 月 1 日，郑成功收复台湾 300 周年纪念日建成的，在海内外负有盛誉和影响。馆址及周围绿地共占地 1.3 万平方米，其中主楼展厅 2 200 平方米，陪楼展厅及资料研究室 500 平方米，馆匾是郭沫若亲笔题写的。

不得不提的是，日光岩是鼓浪屿上的最高点，是俯瞰鼓浪屿的最佳位置。仰望蓝天朵朵白云轻轻地飘着，除了纯净和安详，你几乎再找不到合适的词语来描绘它。选择在一个傍晚，站在日光岩上静静等待着夕阳落山，晚霞辉映着大海，大海变得五彩斑斓、波光粼粼。我喜爱大海的安宁，那么柔和，那么恬静。我喜爱黄昏的唯美，它以最美的景致结束了我一天的旅程。

引用蔡廷锴将军的诗句来结束这一段的行程："心存只手补天工，八闽屯兵今古同。当年故垒依然在，日光岩下忆英雄。"

在小岛中央竟有古老的建筑，这里有大师们曾经的身影，特色的小店里有旅行者惊叹的瞬间，这就是鼓浪屿的魅力。

厦门，这座城

漫步在鼓浪屿的小巷,你是否触摸到了昔日的时光

　　鼓浪屿这座海岛充满了生活气息,这里的人口不多,但人人都热爱生活。生活与创意紧密相关,鼓浪屿上创意小店比比皆是,各式饰品无奇不有。岛上的文创商品深深地吸引了我。好想在这座岛上生活一辈子,因为热爱生活的人精神状态永远都是饱满的、充满热情的。看到在岛上穿行的每个人,积极的态度都写在他们的脸上,和这样一群人在一起生活还能不充实吗?!

　　菽庄花园以其独特的景观让我对海对面的世界有了无限的遐想,海内是花园,园外是翻腾的海水,园在海上,海在园中。能积蓄力量将海内外之水汇流自如,如此天然的景观也只在菽庄花园才有,而花园不仅有华丽的外表,还有丰富的内在。钢琴博物馆的存在让菽庄花园有了贵族的气质和优雅的身段。海潮的流动和长桥的安卧让花园静动相宜,海色、山色、天色浑然一体,妙趣横生。

菽庄花园

园在海上，海在园中

俗话说"不登日光岩不算到厦门，不到菽庄花园不算到鼓浪屿"，鼓浪屿最著名的景点是日光岩和令人心旷神怡的菽庄花园。在海岛上，一阵阵海风吹来，让人感到神清气爽。而在碧海环抱的鼓浪屿上，看海礁嶙峋，山峦叠翠，还有繁花似锦的菽庄花园，好似一幅五彩斑斓的画卷。

　　走进菽庄花园的大门，我就被眼前这个迷人的设计和精美的摆设吸引住了，第一眼就看见咆哮的大海和一片金色的沙滩，大海时而风平浪静，时而群浪并起，朵朵浪花拍击着海边的礁石，发出轰鸣声，而菽庄花园就像是海岸的守护神，以盛开的娇艳的花朵和纵横交错的苍翠树木陪伴着大海，聆听大海的声音。

　　菽庄花园入门左侧有一个古董展览馆，里面有许多珍贵的古董，包括价值连城的古床、珍贵的古红木椅子，还有青花瓷、金银杯等稀世古董，古今中外的珍品都可略见一二，让人眼花缭乱。沿着古董展览馆继续往前，会经过一座海上的小桥——四十四桥，据说卧海凌波的四十四桥下的闸门把海水引入园内，形成大海、外池、内池三处。菽庄花园分为藏海园和补山园两大部分，各园景色错落，集中了十二洞天、听涛轩、壬秋阁等景点，曲折幽静。穿过小桥沿着石阶而上，就可看到广为传颂的鼓浪屿钢琴博物馆，也就是听涛轩。许多珍贵的、奇怪的钢琴都被收藏于此，其中最著名的要数世界上第一架钢琴，也因此鼓浪屿被称为"钢琴之岛"。鼓浪屿钢琴博物馆边有个专门卖钢琴纪念品的商店，许多原木

色、白色和黑色的小钢琴音乐盒，只要转动后面的发条就能发出《天空之城》的音乐，让人有想把它带回去的冲动。

菽庄花园，园在海上，海在园中，这座坐落在鼓浪屿上的美丽小花园，既有着海景的壮阔，又有着江南庭院的精巧，面向大海，视野开阔，以自然美景为铺垫，含纳大海，形成辽阔的海上花园世界。眺望远处，水天一色，此时此景可以让你忘却世间的烦恼。

鼓浪屿钢琴博物馆

鼓浪屿的名片

鼓浪屿号称"音乐之乡""钢琴之岛",岛上随处都有与音乐相关的故事,也能经常听到美妙的音乐,徜徉其中,仿佛置身于一个巨大的音乐剧院之中。对于一个音乐爱好者来说,菽庄花园里的鼓浪屿钢琴博物馆是不可错过的音乐胜地,哪怕是对音乐一窍不通的人,在游览菽庄花园的时候,稍微花些时间,参观一下这个独一无二的博物馆,肯定会觉得不虚此行,说不定,这里的经历会让你从此爱上钢琴、爱上音乐了呢!

　　菽庄花园内的听涛轩，占地约500平方米，是一座上下两层的独立小楼，正门处的廊柱就像钢琴上的琴键，这里就是鼓浪屿钢琴博物馆的家，2000年时正式落成后即成为鼓浪屿的标志性建筑。说起钢琴博物馆，爱国华侨胡友义、黄玉莲夫妇是最应该被铭记的，我们在博物馆里看到的那70多架名贵的古钢琴和众多的藏品，都是胡先生费尽心血收藏的珍品。不说那稀世名贵的镏金钢琴和100多年前的脚踏自动演奏钢琴，就是那些钢琴烛台，都是历史悠久、价值连城。胡先生将这些毕生的珍藏无偿捐献给博物馆，供游人欣赏，这是真正做到了中国传统文化的"穷则独善其身，达则兼善天下"，将对钢琴艺术和故乡的热爱，升华为将艺术和文化在故乡薪火相传的壮举。

　　博物馆中定时会有讲解，听着讲解员的讲解，看着那世界最大的四角钢琴、皇室御用钢琴、海纳斯名琴、手摇钢琴……在参观钢琴博物馆后，感觉即是浏览了一遍世界钢琴发展史。

　　参观钢琴博物馆后再听鼓浪屿上美妙的琴声，才能体会其中更多的美好。

散落在小巷里的时光印记

林语堂故居

鼓浪屿历史文化遗产

鼓浪屿留下了众多的历史建筑，社会精英的生活起居，在这里留下了各自的历史印记，多年以后形成了鼓浪屿的特色——众多的历史名人故居。在鼓浪屿的名人故居中，幽默大师、文学巨匠林语堂先生的故居，其实是比较名不副实的。这座始建于19世纪50年代的英式别墅，并非林语堂先生的，而是林语堂夫人廖翠凤女士家的老宅，也是鼓浪屿上最古

65

老的别墅之一,前部为两房夹一厅,拱形回廊,后部小花圃、二层小楼连着前面的主楼,花园里有鱼池、古树,一派温馨的景象。

廖家当年是鼓浪屿首富,廖家别墅也曾是鼓浪屿上最著名的私家豪宅,辉煌过很长一段时日。后因众多子女出国创业,人丁渐稀,廖家别墅也日渐寥落,别墅年久失修,破旧不堪,很多房屋已成危房不能居住,后来廖家后人因对祖厝情深,将别墅底层稍稍修缮后居住。

来林语堂故居别墅,参观建筑是次要,主要还是感受大师的生平事迹,特别是豪门千金与寒门学子的爱情故事。林夫人出身名门之家,毅然嫁与林语堂这一文不名的年轻学子,

在这座别墅完成婚礼后,二人将结婚证烧掉,留下一段传奇的佳话。而在婚后,夫妻两人怀揣家人赠予的1 000元大洋远赴海外,林语堂先生一心求学,林太太打工维持两人生计,得妻如此,夫复何求。

豪门大宅总有破落之日,唯有真情源远流长。"如何做个好丈夫?太太喜欢,你跟着喜欢;太太生气,你不要跟着生气。" 也只有说出这样有深度的话的男人,才能将一见钟情的感觉演绎成人世间最美好婚姻的范本和传奇,林语堂故居(廖家别墅)作为这段美满婚姻的见证地,也因此增添了更加传奇的浪漫色彩。

毓园
林巧稚纪念园

鼓浪屿的毓园里住着一位特殊的女性——林巧稚,汉白玉的石雕,穿着白色的医护大褂,神情淡定而端庄地凝视着远方,像一位毓园的守护者,安静慈祥地与来往的人们眼神交会,这里有着她的故事,也留下了她的身影,人去楼未空,似乎是对逝者最好的悼念方式。

很好奇为什么在鼓浪屿上专门修建了一个毓园来纪念林巧稚女士。充分地解读一番才知道林女士是北京协和医院的妇产科大夫,也是我国妇科医学的开拓者,这位伟大的医学

家是厦门人,在鼓浪屿出生,因为她把自己的一生奉献给了妈妈和孩子,一生接生了5万多名婴儿,被称为"万民之母",为妇女的健康不断研究新的治疗方式,而她自己却终生未婚未育,这份精神让鼓浪屿人深深感动,于是就在她小时候生活的地方建造了这座纪念园,也让世界各地的人们可以在毓园里一睹她的风采,听到和看到与她有关的伟大事迹。

　　如今的毓园可谓是鼓浪屿上的特色建筑。砖木结构、四面通廊的法式小洋楼,浅白色的外墙代表了医学的精神和白衣天使的力量,柱廊设计、窗台楼梯都有着艺术的韵味,两层的小楼整体呈八角形,也被当地人称为"小八卦楼"。走在毓园中,想象着1901年林巧稚女士在这里出生,在这里度过了她的童年和少年时代,这里的一花一木,一静一动,是否还有着当年的旧模样?

　　1984年建成的毓园,如今楼房的外观早已褪去了颜色,而往来的人们仍聚精会神地在内参观,不愿意错过一墙一木。相信林女士的精神深深地感染着每一个来到这的人,也会继续影响着无数的人。

厦门，这座城

鼓浪屿音乐厅

高雅艺术风景区

在鼓浪屿无论走到哪里都能听到美妙的音乐，如果要欣赏专业的音乐演出，那鼓浪屿音乐厅就是不能错过的地方。

在古老的樟树、榕树掩映下，20世纪80年代建成的鼓浪屿音乐厅，虽然从外观上能看到一些时间留下的印记，但功能设施一应俱全。前厅、演出大厅、贵宾室、化妆室、钢

琴室、声光控制室以及其他附属设施配置全面、运行良好,演出大厅是专门的音乐大厅,座位不是特别多,有500多个。厅内的装修以天然的木质材料为主,追求真实的全自然音响效果,是厦门举办音乐演出的重要场所之一,特别是在2002年维修改造完成后,鼓浪屿音乐厅保持了一贯的音乐专业功能,场内声效在原来基础上又有所提高,音乐厅整体环境更优雅,建筑风格独具特色。

作为中国音乐家最向往的,并为此感到无比自豪和骄傲的音乐厅,鼓浪屿音乐厅举办过中国音乐最高等级的音乐节,也接待过日本、美国、罗马尼亚、俄罗斯等国家的著名艺术团体的演出。特别是许多著名钢琴大师,如菲律宾女钢琴家卡明达·雷格拉,挪威钢琴家拜克伦,美国塞考尔音乐学院院长、钢琴音乐教授乔治帕斯塔夫人及其助手中国钢琴家崔世光,美国钢琴家杰费里·甘贝尔,美籍德国钢琴家迈克·庞提,牙买加钢琴家格雷丝·鲍泰利夫人,中国台湾钢琴家陈淑贞女士,钢琴家孔祥东、许忠等人也曾在此演出。鼓浪屿音乐厅为艺术家(团体)提供了最完美的舞台,将更多、更新、更高层次的高雅音

乐艺术奉献给人们，也让鼓浪屿"钢琴之岛""音乐之乡"的称号更加名副其实。

　　鼓浪屿音乐厅最让人称道的地方，在于它并没有因为是专业音乐场所而高高在上，每天晚上七点半后都有免费的音乐演出。演出者可能是附近教琴的老师带着自己的学生、一个童声合唱团或者厦门大学热爱音乐的学生，或许他们的水平比不上专业的艺术团体，可他们对艺术的执着和追求、对艺术纯粹的热爱，一定会让我们得到一点震撼和心灵的洗涤。这种对艺术的热爱、对艺术的参与，才是鼓浪屿音乐不绝于耳的真正推动力！

散落在小巷里的时光印记

再生海食堂
喧嚣中的安静小饭堂

衣食住行对每一个人来说,都是头等大事。中国饮食文化流传广泛,把世界各地吃货的境界都提升到了很高的水准。

在鼓浪屿,美景与美食从来都是不缺的。沿着岛上的一条条小路,欣赏着那一栋栋各具特色的建筑、郁郁葱葱的名贵古树、路边一家家由老楼改建成的各色小店,从甜品到海

鲜,到处都是美景,到处都是美食,看一路美景,尝一路美食,眼睛和嘴巴一直都停不下来。

鼓浪屿上美食实在是太多了,再生海食堂尽管在很多美食点评网站上得分很高,但仍有很多人不知道。都说酒香不怕巷子深,在巷子深处的这家再生海食堂,真有点大隐于市、孤芳自赏的味道。斑驳的外墙上苔藓在顽强地生长着,两扇油漆脱落殆尽的铁门上铁锈无处不在,这样的建筑、这样的门面,如果不是霓虹灯在不停地散发着热情的光芒,实在很难让人把它和一家餐厅联系起来。抱着试试看的心态跨足而入,迎接我的是一个精心收拾的小院子,长条凳、餐桌被擦拭得光可鉴人,红色地砖被擦洗得一尘不染,连院内那些植物的叶子都绿莹莹的,这样古朴的外墙,这样窗明几净的院子,真是别有洞天。在大家都费尽心思修饰门面的时候,居然还有这样一家将工夫都花在餐厅的里面,我的兴致一下子

被调动了起来。

　　简单的装修，没有那么多奢华的布置和新奇的摆设，砖墙、木窗、板凳、铁架，历史的记忆在这里重现，城市的繁华和喧嚣暂时远离。看着这样风格的装修，我突然深信这里的菜肴肯定会给我大大的惊喜。一份三花海鲜烩、一份木匠海鲜饭，口感鲜嫩、用料十足，没有哗众取宠式的刺激性味道，没有夺人眼球的古怪造型，淡淡的味道，却又让人回味无穷。果然，这里的菜肴就像这里的装修，没有太多的表面文章，有的只是用心做好美食、用心做好服务的诚挚，舒适干净的环境加上用心炮制的闽南菜，怪不得会受到那么多人的推荐，也怪不得在如此不显眼的小巷深处，仍有这么多的人慕名而来。如果有朋友来到鼓浪屿，我都会推荐他们来这里尝试一下。

厦门，这座城

林文庆别墅
雅致的生活环境

鼓浪屿上的名人数不胜数，两位林姓人士让人记忆犹新，一位是中国现代妇产科的奠基人之一林巧稚女士，而另一位则是厦门大学的第一任校长林文庆先生。林文庆先生是新加坡华侨，祖籍福建，曾任孙中山先生的秘书，一生提倡中华复兴，既是一代名医，又是勇于开拓的政治家，也是移风易俗的教育家。笔山路上的林文庆别墅就是林先生生前在厦门的家，这里有着他16年的生活足迹。

　　林文庆别墅是一座独栋的别墅，依山而建，从下往上似上山的坡度，两边有通向别墅入口的宽宽的花岗岩筑的长条台阶，长长的石阶一直通到别墅主体前的平台，平台错落，自由而随意。门前的千年樟树仍如壮年般地生长，茂密的枝叶遮盖着一部分的墙体，顺着海拔高度的微风，显得特别阴凉，即便是酷热的鼓浪屿上太阳直射的午后，站在这座大门前也有一丝凉爽。进入庭院，院内有休闲的园心亭和曲折的小径。前厅的屋面是一个偌大宽敞的大平台，连着后面的居室。大平台可远眺鼓浪屿的景色，海天美景一览无余，放到现在就是典型的海景别墅，价值连城。别墅的厅室和副楼据说是由林先生亲自设计，卧室、书房、琴房空间分配得十分合理，温馨而有生活情调。宽敞的副楼是个大型的宴会场所，当年的师生聚会很可能是在这个副楼里举行的。

　　别墅的花园规模很大，各色鲜花长年开放，浓密的树荫，弯折的小道，如田园般雅致。步上磴道俯视花园，一天的劳累感释放得一干二净，顿时有一种安逸的轻松，在这幽静优雅的别墅，若与鸟蝉共眠，也算是很惬意了！

　　斯人已逝，犹有故居，绿植以它们的茁壮成长纪念着林校长，而我也将铭记这座别墅的宁静与安逸。

厦门，这座城

船屋
古老的船型建筑

建筑大师们总是独具匠心地让我们领略不同的建筑风格，从远古的茅屋到现在的各种样式的建筑，把屋子建造成风景已不仅仅是建筑大师们的追求，也是普通人的向往。鼓浪屿上的别墅群以欧式建筑为主，花园洋房比比皆是，让人印象深刻，而船屋却是这群花园洋房中独特的存在。

　　船屋在鼓新路上，是鼓浪屿众多别墅群中别具一格的建筑。如果不叫船屋，其实很难体会设计师的意图，在我这个不专业的人眼中，仍以为它就是一座欧式花园洋房。

　　据资料介绍，船屋是鼓浪屿最古老的别墅之一。船屋建于1920年，设计师是著名的美国建筑师郁约翰，这位设计师同时也是八卦楼的设计师。由此可见，鼓浪屿这个地方与这位设计师也有着不解的缘分。

　　船屋集合了中国韵味，又带着浓郁的美式风格，是鼓浪屿最古老的别墅之一。从空中看船屋呈长三角形，造型如甲板上的船舱，屋子左右两边以中央为轴展开，严谨对称。别墅建造了四层，一层和二层立柱高大，简洁明快，极富创意。屋内的地板采用罕见的石宽条南洋楠木，家具也以高档的红木为主，地板和家具因为材质的昂贵和用料的上乘至今仍保存完好，站在船屋的最高点，可眺望大海及厦门全景。

　　鼓新路算是鼓浪屿最安静、最自然的一角，古老的建筑、高大的香樟树、沉淀的历史足迹诠释着鼓浪屿的气质和韵味。静静地坐在船屋中，伴着满园盛开的三角梅，婆婆的海风轻轻地抚摸着我的脸颊，好想大声地向远方呐喊：鼓浪屿，你无比精彩！

曾厝垵里的文艺复兴

住一住曾厝垵的番仔楼，用心去感受这里橙黄的色调和古朴的形态，细细地品味在曾厝垵所有的遇见和看见。

遇见 厦门，这座城

曾经的海边渔村，今日的闹市

集自然、人文于一体的曾厝垵已有 800 多年的历史，当年的小渔村已发展成厦门的文艺村。到厦门，鼓浪屿和曾厝垵是必游之地。年轻一些的人也许会更喜欢鼓浪屿，因为它浪漫有情调，适合情侣相伴，爱情故事也是鼓浪屿最常见的故事；而稍微成熟一些的文艺青年们或许更愿意喜欢曾厝垵这样的地方，一个略显偏僻又真实的曾家湾，一个书写军事、流传华侨故事的历史名胜。

曾厝垵有着自己独特的信仰文化，天上圣妈宫为曾厝垵信仰个性的表现，在厦门供奉一位传说中普通到不知道姓名和来历的女性的庙宇，只在曾厝垵这个地方才有。当地人对圣妈的忠诚度和信仰度超出人们的想象，从曾厝垵人们的信仰中我看到了人性的发展历程。曾厝垵的圣妈故事让我明白为什么千百年来，全球各地人们的信仰虽有所不同，但各种宗教的本质却是同样教导我们人性要向善。

我虽离开了曾厝垵，却把曾厝垵烙印在了对现代村庄的记忆之中，内心期待着与它的下一次相逢。

厦门，这座城

天上圣妈宫
独一无二的信仰

福建的妈祖文化流传久远，因为靠海，以海为生的人都拜妈祖。妈祖文化在我们这个幅员辽阔、人口众多的国家里，除了世界三大宗教基督教、伊斯兰教、佛教，还有本土的道教外，作为另一种宗教文化在全国各地传播广泛。但曾厝垵却是个非常特别的地方，据村民们说，这里也是妈祖文化的传播地，但这里还供奉着一位神女，被称为"圣妈"，而

　　这位圣妈只在曾厝垵才有,天上圣妈宫香火旺盛为厦门之最,比湄洲岛的妈祖庙的香火更为旺盛,每天慕名而来的人络绎不绝,而且天上圣妈宫也是厦门独有。

　　从史料上来看,曾厝垵对天上圣妈宫的保护,足以证明此地对于圣妈的捍卫和忠诚之心。曾厝垵作为厦门这个港口城市的农村和渔村,在经历若干次的城镇化建设之后,仍能将天上圣妈宫这样的建筑保存至今,足见信仰力量之强大。

　　初见天上圣妈宫,巨大的牌楼上有"天上圣妈宫"和"有求必应"两块金字牌匾,文字的描述和牌匾的金碧辉煌无不凸显着信众的虔诚。还没到之前,我以为这里的面积一定大得不得了,可实际上,天上圣妈宫是一座很小的小庙,小到和很多地方的土地庙类似,其中供奉的塑象也不高大,比起湄洲岛的妈祖庙,此地的圣妈宫要小好几个级别。关于圣妈的传说在《思明文史资料》第五辑(营平、曾厝垵片区)有着清晰的记载,圣妈是个平凡的姑娘,既不知是何地何人,也不知如何落难,只知道她的尸首漂到曾厝垵海边,早上

讨海的渔民看见她，就将她打捞上岸，安葬在天上圣妈宫这个位置。此后渔民出海打鱼总是满载而归，渔民感恩图报，建造了天上圣妈宫，以谢圣妈在天之灵的保佑。

很多信仰都是产生于政治因素，而天上圣妈宫的产生却是出于人性。曾厝垵善良的人们世世代代抱着感恩的心在海上作业，他们的善良和虔诚也让这里的文化得到了长久的发展，我想这也是曾厝垵之所以吸引那么多人慕名前来参观的原因之一。

环岛海滨浴场

中国黄金海岸线上的环岛海滨浴场

　　厦门的海岸线中,从厦门大学到会展中心的一段海岸,被称为"黄金海岸线",曾厝垵正对着的海岸就在其中,即使从曾厝垵最远的位置步行到海岸也不会超过 10 分钟。蓝色的大海、金色的沙滩、绿色的环岛路,越过环岛路,就来到了环岛海滨浴场。

　　对于任何一个海滨城市来说,海滨浴场都是最普遍也最具有代表意义的地方。曾厝垵的环岛海滨浴场,是厦门众多的浴场中人气很高的一个,既然到了曾厝垵,这里可是不能

厦门，这座城

错过的地方。天气热的时候，会游泳的可以下海游泳，不会游泳的可以在沙滩上踩踩水；天气冷的话，可以在海边散散步，不管怎样都是悠闲的时光。

环岛海滨浴场的沙子很细，海水很清，海岸边也没什么垃圾。海滨浴场早晨和傍晚的景色最是美丽，天气也舒服，看看日出日落、潮起潮落，漫步在柔软的细沙上，感受只属于某个时间段的浪漫都市海景，留下一段难忘的记忆。

环岛海滨浴场在当地非常知名，如果你是一个在浮躁都市生活中迷失了方向的人，那你可以到这里来，找个地方，安静地坐坐，收拾一下纷乱的心情。当你放开自我，看着年

轻的父母领着孩子沐浴在朝霞中,耳边传来孩子们银铃般的笑声,再颓废的心情也能振作;看着满头白发的老人家,相互搀扶着在夕阳下慢慢走远,在沙滩上留下紧紧依偎的身影,再深重的胜负心也能暂时放下。

相比于鼓浪屿的沙滩,这里要干净很多,温度也合适,一路小跑着冲进海里,在浪花里尽情地放纵自己,令身心从内到外得到彻底的放松。当然了,一定要做好防暑和防晒,不然的话,原本超级无敌美妙的享受一定会给你留下别样的"回味"。

发现 厦门，这座城

闽南肠粉
鲜香浓厚的小吃

很习惯在广州的早上吃肠粉，没有想到闽南也有肠粉，知识点不足的我一直以来都以为肠粉是广东人的专利，行万里路才了解，肠粉不光流行于广东，还改良于闽南。

曾厝垵的祖传闽南肠粉据说是厦门的特色肠粉馆，这家要说自己的闽南肠粉在厦门排行第二，没人敢说第一。这里的肠粉在外观上没有什么特别之处，纸质的碗里被各种酱料

淹没的肠粉没有花里胡哨的香料味，不辣也不咸，就是纯纯的米浆和汤料，一口吸入嘴中却有着朴实而惊喜的口感。肠粉皮弹弹的，透明的粉皮吸入酱料的香醇，薄薄的酱料完全被粉皮吸收，在慢慢咀嚼中完全地释放出纯正的酱料味，味道鲜香。一份已不满足，再来一份仍觉得回味无穷。

闽南肠粉比起广东肠粉味道更鲜也更香，肠粉细腻爽滑，软糯有韧性，米味浓厚，配上闽南特有的海鲜与骨汤相交的汤汁或是菌汤，每一口都唇齿留香！

在曾厝垵意外遇到肠粉，细细品味闽南肠粉，淡淡的米甜之上又多了一份对于曾厝垵的意外之喜。

厦门，这座城

ATU 胶片摄影
厦门老故事集景

老厦门的味道在一步一个脚印中沉醉着、回味着。曾厝垵是一个特别的地方，到处都是文艺的世界，大街小巷无不诉说着厦门的新老故事。除了美食上的意外，在曾厝垵还有这么一家店让我迟迟抬不起离去的脚步。与 ATU 胶片摄影纯属偶遇，疯狂地走街串巷，高举着手里的摄像机，一不留神就到了一个艺术照片吧，就是 ATU 胶片摄影。

ATU胶片摄影是一家比较特别的店铺，坐落在曾厝垵的小巷里，店铺是厦门老房子的样式，青苔青瓦，斑驳的墙漆，大面积的灰色墙体有着浓浓的厦门老屋的味道。木质的门框、过道显得老旧而忧伤。已经不再洁白的墙上挂满了很有老厦门风土人情和特质的照片，像是20世纪90年代的照片展览馆。进去的时候没有遇见工作人员，据说此处只供参观，如果想拍婚纱照、全家福或类似的老照片可以联系工作室。据当地人介绍，ATU胶片摄影在当地是非常有名的摄影工作室，要拍照需要提前很长时间预约。

之所以被ATU胶片摄影吸引，有两方面的原因。一方面是店主对于老房子的布局和改造的良苦用心。这里有洗照片的暗室，各式呈现出时代感的木质座椅，文艺范儿的茶具点缀着每个重要而不张扬的角落，布局随性又合理，尽管外面骄阳似火，屋内却凉风送爽。另一方面是这里的照片，摄影师们风格迥异，这就像一个摄影展，有色彩大胆的人物照，有年代感十足的写真，还有关于厦门故事的大街小巷的照片。情不自禁地转了又转，似有千种风情无以表达。

ATU胶片摄影似墙角一枝花，独自绽放着，里面的每一幅摄影作品都诉说着一些故事、一些人和一些情绪。

基督教曾厝垵堂

喧闹俗世中一片宁静地

曾厝垵内密集的小楼，大部分是低矮的老楼，在村中心有一座高高竖立着十字架的基督教堂，是尖顶门窗的哥特式建筑。楼应该是新修缮过的，从周边的环境和门口的纪念碑文上可以了解这座基督教堂久远的历史。

在曾厝垵这样一个曾经的小渔村中，居然有一个历史颇为久远的基督教堂，作为一种外来的宗教，居然能将基督教堂建在小渔村中，真是很让人意外。这里几乎是曾厝垵内最

曾厝垵里的文艺复兴

热闹的地方，特色小店一家挨着一家，观光的游人也络绎不绝。在这样一个热闹繁华的地方，基督教曾厝垵堂静静地矗立在那里。

在曾厝垵弯弯曲曲的小巷中，我好不容易寻到了基督教曾厝垵堂，能看到教堂里有人在布置着什么。可大门紧锁，我在门口徘徊许久，看门老伯还是很尽责地没有让我进去。教堂每天只有9点到11点和15点到17点两个时段对外开放，每周都有唱诗和礼拜，下午经常有各种各样的讲座。虽然老伯坚守原则，最终也没有在非开放时段让我进去，不过教堂门口免费供应凉茶，口渴的行人可以直接上这儿来喝口水、歇歇脚。

厦门，这座城

曾小闲
小渔村里的二次元基地

　　对于大多数人来说，孩提时代印象最深的，莫过于陪着我们走过童年的动漫了，《大闹天宫》《哪吒闹海》《黑猫警长》《花仙子》《变形金刚》《聪明的一休》《圣斗士星矢》《灌篮高手》《机器猫》《海贼王》……不论是热血还是治愈系，都能以精彩的故事感动我们，以突破现实的表现形式刻画着现实社会的投影，带给我们莫大的勇气和爱的力量，也令我们对未来产生无限期许和展望。一部好的动漫是没有年龄限制的，是当今社会不可或缺的一种艺术表现形式，它带着我们对现实社会的理解和期盼。

　　在荣获中国最文艺小渔村称号的曾厝垵，怎能没有二次元的基地呢？曾小闲，就是曾厝垵文创村第一家经营动漫周边产品的店铺，主营美漫和日漫系列，会根据市场需求和最新热播剧进行一些调整，也会专门保留一些各个年代的精品动漫产品。这家店的老板曾经是动漫公司的场景设计师，因为热爱动漫，从公司离职后和家人在这里经营动漫周边产品，过起了休闲的"漫"生活，从此将动漫从屏幕带到了真实的生活。

　　一个小小的店面，货架上、墙上放满了许多动漫系列的道具、公仔，明亮的橱窗玻璃挡不住满满的二次元气息。正对着大门的一面货架上，贴满了卡通冰箱贴，从经典的米老鼠、唐老鸭到机器猫、海绵宝宝；货架台板上放着堆积如山的积木、超人、高达、机械战警，还有那些萌萌的胸针、钱包、手绘本，更多的是那些可爱的公仔，柯南、海贼王、龙猫、灌篮高手、火影忍者，这里就是二次元的世界，动漫迷的乐园。

　　有人说动漫就是白日梦，可是人总要有点梦想，哪怕是白日梦，谁能保证今天的白日梦明天就不会实现了呢，100年前的人能想象今天的我们能走向太空吗？50年前的人能想象远隔重洋也能面对面对话吗？梦想，才是人类与动物最大的区别！

　　让我们一起在二次元的道路上永远年轻，永远热泪盈眶吧！

厦门,这座城

漫走后厨
良心用好料,食宿在客栈

来到厦门,不管怎么样总要吃顿海鲜,漫走后厨是很不错的选择。每天大部分时间段去漫走后厨都会看见有人排队等餐,可见餐厅的口碑是非常不错的。

漫走后厨在曾厝垵巷子深处,位置比较偏僻,对曾厝垵布局不熟悉的人,要跟着导航才能找到,这是一家与客栈连为一体的餐厅,让游客可以踏踏实实地享受美食,不会被住

宿问题困扰。餐厅门口悬挂着的装饰、屋顶上铺着的茅草、原木纹的方桌、硬木靠背凳、隔断用的草席,隐隐体现着一种返璞归真的风格。要是天气热,服务员还会给食客提供一把扇子,营造出一种影视剧中古代客栈的氛围。在这样的店里用餐,猜想着店主既然连装修都不愿用现代的东西,那厨房可能也会使用传统的菜谱,少用或不用现代人深恶痛绝可又几乎无法回避的食品添加剂。

漫走后厨的厨房是完全开放的,这应该也是它的名字"漫走后厨"的由来,看着一样样的食材在厨师手里变成一道道的美食,让人吃得非常踏实。说了这么多,还没有介绍重点,其实从团购网站、外卖网站搜索漫走后厨,看看它的销量和评论,对这里的饭菜质量应该会有更直观的认识。招牌缤纷海鲜锅价格实惠,分量十足,淡菜、蛏子、蟹、虾、蛤蜊都很新鲜,放入香锅的蔬菜都裹上了浓郁的海鲜酱汁,选择适合自己的辣度,一次吃个够。

漫走后厨,一家复古的客栈,一家回归自然的餐厅,没有华丽的装修,只有真材实料的美食;没有价格高高在上的自作高端,只有门口排队等待用餐的人群……

厦大，一个充满文艺气息的高墙大院

厦门大学有着自然人文的历史和文化,去了解关于厦门大学的渊源和历史,你会看到它个性的美。

厦门,这座城

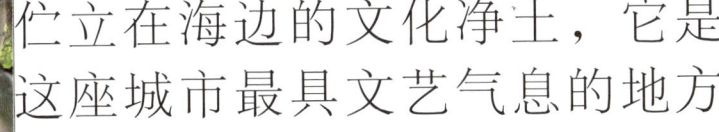

伫立在海边的文化净土，它是这座城市最具文艺气息的地方

说起厦门，厦门人不由得为这里拥有中国最美丽的大学而骄傲，这座沿海城市有着美丽的海岸线，有着风景如画的校园，还有根深蒂固的文化积淀。科技与学术在厦门的腾飞，让厦门这座城市成为耀眼的新星，而厦门大学及大学路附近已形成风靡国内外的旅游观光景点。厦门大学的学生们把厦大比喻为厦门人民公园，三分无奈中又透着七分自豪。可他们不知道作为厦门大学的学生有多么令人羡慕。厦门大学凭借着沙滩、海水、阳光、绿植构建的自然人文环境承载了多少莘莘学子的梦想。

行万里路，读万卷书。厦门虽然是一个风景如画的海滨之都，可再美的风景、再好的城市，如果没有大家共同地呵护，也有其风光不再的时候。旅行的路上不光是为了眼睛的充实，不光只期待心灵之旅，还可以收获相应的文化和知识。关于厦门大学的美就让大家各自去体会，而我则想讲述关于厦门和厦大的故事。

华侨博物院

记录华侨历史的侨办博物馆

明清时期,由于国内战乱不断,民不聊生,众多的华人为了躲避战乱,背井离乡,远赴海外寻找生路,谱写了海外华人可歌可泣的苦难史、奋斗史。

福建是著名的侨乡,厦门是历史上华侨出入国门的重要口岸,坐落在厦门市区五老峰下,毗邻厦门大学和南普陀寺的华侨博物院,是我国第一座由华侨集资兴建的文博机构,

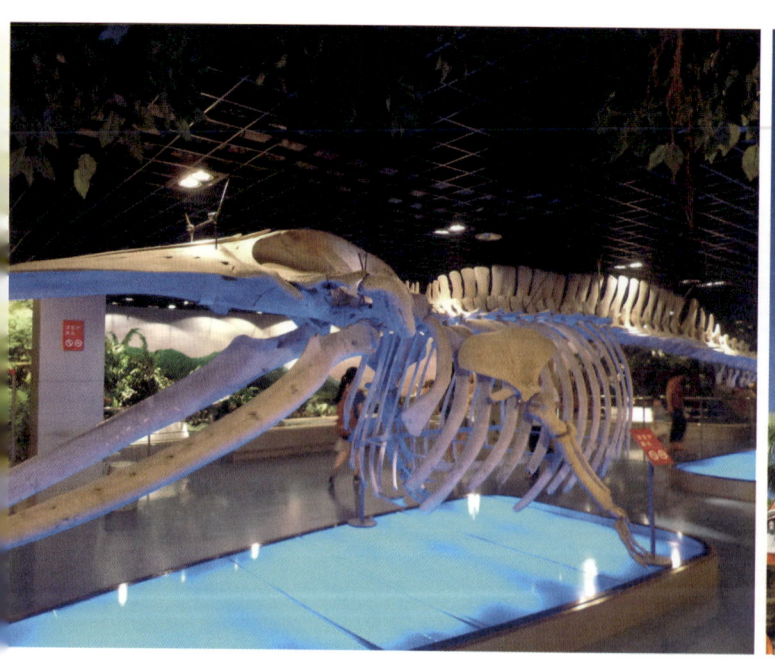

是我国全面、系统展示华侨华人历史的综合性博物馆。这家博物院由著名华侨领袖陈嘉庚先生于1956年倡办,并带头捐款。海内外华人华侨闻讯后踊跃捐款、捐物、捐献珍藏的文物,短短三年,雄伟壮观的华侨博物院就正式落成开放。博物院是富有浓郁中国民族风格的重檐式宫殿建筑,楼身由洁白的花岗岩砌成,屋檐以翠绿琉璃瓦铺饰,斗拱玲珑,飞檐凌空,古色古香,有华侨华人、陈嘉庚珍藏文物展、自然馆二个基本陈列对外展出。

走入这座华侨博物院,镌刻着康有为先生"勿忘故国"四个大字的巨石掩映在灌木丛中,一楼华侨华人系列展就是一部华侨华人走向世界、融入当地、创业海外的奋斗史,展示了他们不忘故国、回报故土的拳拳赤子之心和报国之情。二楼的陈嘉庚珍藏文物展,陈列着青铜器、陶瓷器、字画等,这些文物都是陈嘉庚等华侨费尽心血从世界各地收购并送回国内的。三楼的自然馆,陈放着150多件鸟类、兽类等自然标本。

　　在我们的印象中，华侨都是事业有成、富甲一方的，每当国家发生重大事件的时候，他们都慷慨解囊，为国家、民族出人出力，但我们只看到了他们的风光和富有，却很少有人关心他们背后的艰辛和苦难。步入华侨博物院展厅，一艘艘仿古帆船模型、橱窗内的旧照和实景塑像，揭示了华侨先祖漂洋过海谋生的艰苦历程；看着华工们瘦骨嶙峋的身躯，在暗无天日的矿洞、炎热的橡胶园、困难重重的铁路工地劳作，让我们见证了契约华工的悲惨命运。我深深地为自己对华侨生活浅薄武断的认识而羞愧，为他们在异国他乡的艰苦拼搏而敬佩，为他们对祖国的贡献而感恩。

厦门猫咪博物馆

国内唯一一家以猫咪为主题的博物馆

漫步在厦门,满城摇曳着火红的三角梅,碧海蓝天的映衬中没有了喧嚣。当厦门大学的门口排起等待的长龙时,我却发现了新大陆。在顶澳仔的小巷,我找到了一家让人惊艳的猫咪博物馆,一个国内首家也是唯一一家以猫咪为主题的博物馆。

据说以前这里是通风向阳的小山坡,渔民常在这个地方晾晒渔网和鱼干,从而引来了大量的猫咪光顾此处,人们对猫咪不仅不驱赶还友好相待,在这里的猫咪们都是肥胖慵懒

一族，萌萌的猫咪几乎成了厦门的吉祥物。逼仄的破旧小巷，布满各式的个性咖啡馆，而路边电线杆上、小巷的墙面都画满了藏在各式彩图中的猫咪。

　　博物馆的进门处很用心地做了一辆复古风情的猫咪电车，乘客是一群萌态百姿的猫咪！方向盘后面是一只瞪着大眼的猫咪司机布偶，车门前还有两个候车的小座位。电车的拉手都是很用心地做成猫爪的形状，复古的板条行李架和古旧的木箱、皮箱，视觉太萌化。再凶的猫咪在这也变得可爱起来。猫咪电车每天限乘30人，而且每人只能待半小时。限制人数的初衷是馆主不希望游客和猫咪接触，当猫咪睡觉时也不让人打扰，真是把猫咪宠上了天。

　　馆内猫的空间和人的空间是完全分开的，没有猫毛和气味的困扰，对于对猫毛过敏的

人,这种安排非常贴心。为了给猫咪独立的活动空间,博物馆专门为猫咪设计了一个小花园,高高低低的爬架,是为猫咪们专门打造的娱乐场所,供猫咪们沐浴如厕、嬉戏游乐,限制人们对它们的各种骚扰。难以想象馆主对猫是有多么宠溺,这里的猫不仅有了贵族的气质,还有了高傲的个性。

馆主把馆内装点得都与猫有关,墙面上有很多猫咪油画,悬挂着猫咪万国旗,各类萌猫的手绘画和工艺品,简直就是"喵星球",令我几度都怀疑自己是不是还在地球上。

暖暖的阳光透过窗户,照在铺着素雅棉布的桌子上,来一份猫仔饭、一杯猫屎咖啡,伴随着舒缓的音乐,与猫咪们共舞,舒缓一下紧张的身心,猫咪博物馆值得你停留。

厦门，这座城

南普陀寺
闽南佛教圣地之一

佛教是我国最主要的宗教之一，千余年的宗教传承，在各地留下了众多的庙宇。厦门作为重要的海上港口之一，人员流动频繁，历来被各大宗教视为重要的传教场所，从随处可见的教堂、寺庙可见一斑。

五老峰下，与厦门大学一墙之隔的南普陀寺始建于唐朝末期，几废几建，现存寺庙为清朝康熙年间，靖海侯施琅在原普照寺旧址复建，并增建了大悲殿，以供奉观世音菩萨为

主,与浙江普陀山观音道场类似,因寺庙地处更南方,复建时寺庙改名为"南普陀寺"。之后多有修缮,南普陀寺遂成厦门众寺庙之首,为闽南佛教圣地之一。寺庙藏经阁内收藏有大量佛教典籍和文物字画,如明版《大藏经》、影印宋版《碛砂藏经》、明崇祯年间血书的《妙法莲华经》、弘一法师手稿《佛说阿弥陀经》等,以及唐代铜佛、宋代铜钟、明代名匠石叟所造的如意观音像和观音施甘露像、明代著名艺术家何朝宗创作的白瓷观音像和28尊缅甸玉佛,闽南佛学院、佛教养正院也设立在南普陀寺。

游览南普陀寺不需要门票,并且在山门入口处还会奉上三炷清香,游客自带的香烛是谢绝带入寺庙的,有心的游客可以在山门口点燃参拜,置于门口的大香炉中即可,为了文物安全,寺内是不允许使用明火的。

南普陀寺沿中轴线上的主要建筑有天王殿、大雄宝殿、大悲殿、藏经阁等,大悲殿是供奉观音菩萨的地方,极具闽南风格的千手观音非常精美。

静谧中透着庄严,肃穆中透着灵性,南普陀寺相较于国内其他佛教圣地规模略小,以其特有的精致、厚重风格,成为闽南弘扬佛法的重要场所,也是海内外佛教交流中心之一。

厦门，这座城

厦门,这座城

厦门大学
中国最美的校园之一

不知什么时候,有人评选出了中国十大最美校园,厦门大学高居榜首。从此,厦门大学就成了游人必到的景点之一,每天在厦门大学门口,排队登记参观的游人如织。

厦门大学外临白城沙滩,内拥芙蓉湖、棕榈树林荫道、情人谷,是名副其实的山海花园,确实值得一游。

来参观厦门大学,除了亲眼看一看这所中国最美丽的高校,也是来寻访陈嘉庚先生创

立厦门大学的历史事迹。1919年，有感于当时中国的落后，著名的爱国华侨领袖陈嘉庚先生，聘任全国教育界名流蔡元培、黄炎培等10人筹备创立一所多学科的综合性大学——厦门大学。1921年厦门大学举行开校仪式，初设师范、商学两部，所需费用均由陈嘉庚先生提供，在陈嘉庚先生的持续资助下，到1930年厦门大学扩大为文、理、法、商、教育5个学院21个系。在此期间，陈嘉庚先生的生意遇到困难，他变卖了国外的产业，将所得的资金继续投入厦门大学，以一人之力苦苦支撑厦门大学的运转。1937年，财力接近枯竭、无以为继的陈嘉庚先生将厦门大学无偿捐献给国家，只为了厦门大学能够继续办学。

厦门大学内的旧建筑多为陈嘉庚先生的女婿所建，清水墙、琉璃顶极富特色，被喻为"穿西装、戴斗笠"，尤其是建南大礼堂和上弦场相当宏伟。滨海风光，秀色可餐，建筑散落在云雾之中，如蓬莱仙境一般；最妙海塘堤岸，红花绿影，仿佛珍珠翡翠，镶嵌于鹭岛之西，这是对厦门大学最美的概括。这样一所规模宏大的综合性大学，刚开始竟然是凭

一人之力独立支撑的,这得有多么大的决心和毅力;投入如此巨大的财富,只为国家和民族培养先进的人才,这得对国家和民族抱有多么深厚的感情。

  有人将陈嘉庚先生誉为"华侨旗帜,民族光辉",我觉得毫不为过。厦门大学内的陈嘉庚先生雕像有很多游人参观,先生神情温和、态度谦逊、眼神深邃,仿佛在寻找民族前进的方向。

  厦门大学的学生是幸福的,在这样美丽的校园里学习和生活,若干年后当他们毕业时,希望他们带走的,除了知识,还有陈嘉庚先生播下的民族复兴的希望;希望他们难以忘怀的,除了美丽校园里的回忆,还有陈嘉庚先生创办厦门大学时确立的校训,"自强不息、止于至善"。

厦门大学群贤楼群

厦门大学面向世界的大门

厦门大学群贤楼群，靠近演武路校门，是厦门大学的第一批校舍，包括群贤主楼、同安楼、集美楼、囊萤楼和映雪楼，5栋建筑一字排列，时至今日，群贤楼群仍是厦门大学的标志之一。

厦门大学里的旧建筑风格，也是厦门很多同时期建筑的风格，被人们戏称为"穿西装，戴斗笠"，群贤楼群采用的也是类似的设计。将闽南一带盛产的白色花岗岩凿成平面，用

来砌建外墙,淡雅而美观,西式的大楼主体上,采用中国传统的琉璃瓦做屋顶,屋顶为中国南方尖翘的斗拱和飞檐。在正中的群贤楼最高层,为传统的宫廷式建筑,门前的4根石柱用8块花岗石接成,柱间精工细雕的3个大圆拱门上部,配以田字形的白色石窗,典雅大方,不落俗套。

参观群贤楼群最重要的去处,就是它的校史纪念馆,在一楼看书的那些学生会担任志愿讲解员,为游客讲解厦门大学的历史和成就,同学们讲解时非常认真,看得出他们对厦门大学充满着自豪。二楼还有鲁迅纪念馆,讲述鲁迅先生在厦门大学的工作和生活经历。

厦门大学是厦门的名片,而群贤楼群是厦门大学的名片。在设计师最初的设计中,作

为厦门大学主要建筑的群贤楼群5栋建筑是按"品"字形排布的,根据厦门大学的记载,是陈嘉庚先生自己动手,将"品"字形改为目前的"一"字形,很多人都无法理解其中原因,甚至因此闹了矛盾。陈嘉庚先生的回忆录中披露,将"品"字打开,是为了"让外国的轮船来往厦门港的时候,能从海上一眼就看到一所壮观的中国学府"。陈嘉庚先生从一开始就希望将厦门大学建设成为一所与世界知名大学不相上下的大学,不光是将世界上最领先的知识和教师引入厦门大学,更希望能让世界看到厦门大学,让厦门大学能和世界平等对话。陈嘉庚先生将群贤楼群做成了厦门大学的名片,也将国际化的精神注入厦门大学的办学理念中,从而为厦门大学高起点的发展奠定了坚实的基础。

厦门，这座城

不止书店
在厦大校园里的晓风书屋

　　晓风书屋是福建的老牌书店，一度成为漳州和厦门的文化地标之一，曾吸引余光中、周国平、李泽厚、林清玄等在此签售，20多年的经营，培养了很多爱书的忠实读者和客户。随着电商的兴起和电子读物的普及，实体书店的经营遇到了一些困难，晓风书屋也受到了不小的冲击。

　　这家开在厦门大学群贤楼中的不止书店，就是晓风书屋对新时期商业模式做的新尝试，类似融入新业态的新晓风书屋一共有四家，这家不止书店是晓风书屋和文化创意工作室"时光码头"共同打造的，开启了"城市生活空间"复合式书店经营的实践之旅和探索现代人阅读及文化创意生活的新方式。

　　走进不止书店，印象最深的是其中那一扇扇的门，从走进不止书店的那一刻起，每进一扇门，就会有一种全新的感觉，弧形门、尖顶门将书店内部划分成一个个相互分割又有机联系的区域，将书籍以"厦大自留地""新入手""不止书房""文化生活"等分类呈现给读者。

　　优雅的书店里，角落摆放着绿植，每本书都至少有一本拆封版供读者阅览，书店内部设计时已经预留了供读者停留、阅读的地方。作为对书店新业态的探索，除了充满诚意的书籍展示，不止书店还提供咖啡饮品、烘焙产品和文创产品，为喜欢泡书店的爱书者提供更多的服务，并将书店的一部分开放为公共空间，为各种文化活动免费提供场地。

　　在安静的书店一角，捧着散发出淡淡墨香的新书，没有电子产品的干扰，没有纷扰的俗事闹心，尽情享受整个下午的时光，这是一件多么惬意的事情啊。

厦门大学演武田径场

生命在于运动

　　一个运动场名扬海内外的原因,多是因其规模宏大、设施齐全,或者是曾经举办过某个著名的赛事,而名声在外的大学田径场,我的印象中真是没有几个,但厦门大学的演武田径场,论名气绝对能排在前几位。

　　厦门大学演武田径场的声名远扬,并非只是因为它地处著名的中国最美校园之中,更是因为厦门大学与这个田径场颇有渊源,其历史远远久于厦门大学。

演武田径场上健身设施齐全，跑道上挥汗如雨跑步健身的学生，器械上玩耍的幼童，足球场上奋力拼搏的球员，演武田径场其实与其他大学的田径场也没什么不同。吸引人们前来的原因，是这里具有的重大历史意义。演武田径场位于郑成功演武场遗址之上，当年郑成功在厦门训练士卒，曾在此处演武选将，练出了一支上万人的"铁人军"，在收复台湾的战役中所向披靡，是收复台湾的主力和功勋部队。当年民族存亡之际，陈嘉庚先生选择在郑成功演武场遗址上创办厦门大学，除了因为这里地势开阔、风景优美之外，也是希望厦门大学能秉承先辈遗志，培养出具有国际眼光和能力的爱国兴邦之人。

厦门大学创立之初，就立足于办成"世界一流大学"的宏伟目标，学校的办学思想不光是救国，更要实现强国。从学校设立之初，厦门大学就拥有与西方大学同等的办学条件和优秀的教师资源，培养的目标，从来都不是只知苦读诗书的书呆子，而是能经国济民的现代化人才。

作为最早投入使用的学校设施之一，演武田径场上"生命在于运动"的标语，激励着一代又一代的厦大学子不断拼搏向前。

厦门，这座城

厦门大学人类博物馆
国内著名的人类学专科博物馆

陈嘉庚先生为了创办厦门大学而倾尽家财，厦门大学里的很多建筑、场馆都是社会开明人士捐建的。其中，国内著名的一所人类学专科博物馆——厦门大学人类博物馆，就是由厦门大学第一届毕业生林惠祥教授倾资捐建的。

一座典型厦门大学旧建筑风格的三层小楼，门口参天的古树述说着它的历史，黑色的牌匾表明它的身份"厦门大学人类博物馆"。这个经联合国教科文组织认定的著名博物馆，馆内陈列着丰富的文物，分为人类的起源和发展、文化的起源和发展、中外民族文物等三

部分。馆内多达几千件的藏品，展现了人类从猿到人发展路线的全景，有根据古人类化石还原的等身高各阶段古人类模型、原始社会生活全景、古人类和动物化石复原像等。参观完人类的起源和发展，我们至少不用再对课本上关于人类起源的描述一知半解，会对古人的生活环境和人类的演变有清晰的认识。在另外两个系列中，展出的各地出土的青铜器物、佛像、人偶、瑞兽，向我们展示了各地社会文化和宗教信仰的演变。

厦门大学人类博物馆的前身，是1926年年初鲁迅先生等人在厦门大学举办考古文物展览会后成立的文化陈列所。1934年，在厦门大学历史社会系任教的林惠祥教授创办了博物馆的筹备处，他四处收集、发掘和整理东南亚和我国东南地区一带的文物及各种人文标本，供厦门大学师生学习参考。中华人民共和国成立之初，回到厦门大学的林惠祥教授，将毕生搜罗和珍藏的文物、图书数千件全部无偿捐献给厦门大学，在此基础上才有了今天的厦门大学人类博物馆，林惠祥教授为第一任馆长。

我们今天在博物馆里轻松地欣赏馆藏文物时，完全无法想象收集这些藏品时的艰辛和危险。林惠祥教授四处收集这些文物的大部分时间，都是日寇在东南亚肆虐期间，在那些战火纷飞、衣食都难以为继的日子里，他也没有变卖一件文物，生活的艰辛到了无法想象的地步。

我们寻找文物，是为了发掘历史；我们不忘历史，是为了激励我们砥砺前行。这所人类博物馆留给我们的，除了馆里满满的藏品，还有关于这个博物馆、关于第一任馆长的传奇故事。

胡里山海滨浴场
坐看潮起潮落，静听涛声依旧

厦门让很多人羡慕的，就是它那长长的海岸线，沿着海岸线有好几个海滨浴场和休闲区。在胡里山炮台下、环岛路木栈道的入口处，就是胡里山海滨浴场，它所在的海岸线经常被称为厦门最美的海景。

胡里山海滨浴场视野开阔，风景优美，一望无际的大海，让人不由得心胸开阔。远远的海面上停泊着几艘小船，随着海浪微微地起伏，像是躺在大海的怀抱里惬意地摇晃着身

躯。海风追逐着浪花，一层叠着一层冲向沙滩，扑在岸边戏水的人身上，惹来一阵阵孩子们的欢呼和姑娘们的尖叫。这里是厦门热门的海滨浴场之一，因为是开放式的沙滩浴场，来的人很多。

有人总结胡里山海滨浴场的特点是潮暖、滩平、沙细、水良、地热资源丰富，傍晚的海滨浴场是最美丽的，看着太阳缓缓沉入地平线，落日的余晖映红了天边的晚霞。这时带上相机，听海浪涛声，看漫天晚霞，最美的生活也莫过如此了吧。

胡里山炮台

八闽门户、天南锁钥

我们回顾中国近代史,第一次鸦片战争、第二次鸦片战争、甲午海战,一场又一场的战争无不以中国赔款、割地告终。我们反观那段历史,除了感慨当时清政府的腐朽落后外,对清政府的武备也会有深深的疑惑,这个庞大帝国的统治者难道对战争的失败没有任何的反思吗?难道他们对国防没有任何作为吗?

其实在鸦片战争之前,包括魏源、林则徐等一批"开眼看世界的人",已经认识到世界的发展,重视了解和学习西方的科学技术,更提出了"师夷长技以制夷"的口号,主张兴商业、办工厂、改军制,虽然他们的主张最终没有得到清朝统治者的重视和采纳,却为后来洋务运动的兴起打下了理论基础。

第一次鸦片战争期间,以石壁炮台为代表的原厦门海防要塞被英军摧毁,闽南全无海防,国门洞开。洋务运动兴起后,清政府有意建造新型现代化的胡里山炮台,前后历经20余年,采用德国上尉汉纳根的设计方案,装备强大克虏伯海岸炮的胡里山炮台终于在1896年完工,在之后的数次战役中也发挥过一些作用。我国军事家李烈钧曾赞誉胡里山炮台装备之强、训练之精熟为全国第一。

今天,我们再登上胡里山炮台,仍为炮台的设计完善、规模宏大所折服。炮台总面积7万多平方米,城堡面积1万多平方米,内部区域划分明确,分为战坪区、兵营区和后山区,

各区域内开砌暗道、筑造护墙、弹药库、兵房、官厅、山顶瞭望厅等。炮台结构为半地堡式，具有欧洲和我国明清时期的建筑风格。

参观胡里山炮台时，景区内有 4D 影院、实景演出、幻影成像剧场、沙盘展示等介绍胡里山炮台建造、战斗的场景。纵观胡里山炮台，设计不可谓不精，火力不可谓不强。不由得让人想到一首七绝："胡里山头古炮台，曾经御外吼常开。欣今到此观长海，不教敌船再敢来！"

琥珀书店
开在海边的书店

从明天起，做一个幸福的人

喂马、劈柴，周游世界

从明天起，关心粮食和蔬菜

我有一所房子，面朝大海，春暖花开

……

海子的这首《面朝大海，春暖花开》，为多少中国人描绘了心目中理想生活的模样。

在大海边，一间不需要太大的房子，面朝大海，每天坐在房前看着太阳缓缓升起和慢慢落下；阳光调皮地穿透玻璃，在地板上投射出窗户的形状，蹿入房间的阳光洒在室内的物品上，为它们镀上淡淡的金边；门前种满灌木，屋内摆放着绿植，植物们拼命地吸收着阳光的能量不停生长，为小房子增添了浓浓的绿意和蓬勃的生机；海面上偶尔飞过几只海鸟，在天空中骄傲地飞翔；捧着一杯清茶，随意地翻着手中看过无数遍的书……

这样的生活，对于大多数人而言，只能深深地藏在梦里。

在沙坡尾路尽头，中华儿女美术馆一楼靠海一侧，有一家琥珀书店，虽然不能让你拥有一所房子，却能满足你这个梦想里大部分的要求。大海与书店就隔着一片草坪，一整面的玻璃外墙，让整个书店都面朝着大海，左上角挂着他家的招牌，一只戴眼镜的小松鼠手

捧书本，下边有"琥珀书店"4个大字，简约却不简单，让人过目不忘。店外摆了些绿植、遮阳伞和桌椅板凳，只要不是阳光太强烈的时间，都可以在这里坐看海景。书店不大，除了书籍还有些手工艺品和书法作品，书籍多为人文社科类，还有一些佛学书籍，随意摆放着，没有刻意的布置和精心的设计，让人有一种身处自家书房的感觉。在本来就不大的书店里，甚至还用竹屏风隔出了一个小小的空间，摆放着一些富有禅意的桌椅和饰物，看着像是店主自用的书房。

　　书架前摆放着一些椅子，看到心仪的书籍，拿起一本，偎在角落，默默地翻看，眼睛累了，抬头望望远处的大海，梦想中的生活就是如此简单……

厦门，这座城

不辍旧物馆
一件旧物给你一个回忆

每个年代都会留下属于自己的时代印记，时间总是不停地抛弃那些曾经风靡一时的事物，将更新的产品和生活方式推向潮流的最前沿。人们只担心自己会被流行抛弃，而不会去关心那些旧物件的去向。

在厦门，有一些专门收购和售卖旧物的小店，比如这家不辍旧物馆。挺大的一个店面，但是毫不起眼，门口摆放着几辆旧款自行车，墙边放着一个旧方凳，还有几块像是旧门板

的东西。刚走进大门，老房子里木头受潮的味道扑面而来，心想不会是废品收购站吧，但内心还是有所期待的。进到里面才发现，这里不像是旧物馆，更像是一个怀旧博物馆。看店内的招聘信息是这样描述的："期待热爱生活、拥有旧物情怀的你，听歌浇花泡茶看旧物，工作轻松简单，每天都有新发现。"简短的几句话就把不辍旧物馆的精华和初衷表露无遗。在厦门感觉最大的惊喜就是每天都有新发现，不同的文化组成了新兴的文艺节奏。一个旧物回收站也能用情怀来转型，丰富人们的精神世界，相当地佩服店主的智慧。在这个创意中大家都是共赢的，回忆也变现成了价值。

　　不辍旧物馆其实有一种咖啡馆和展览馆的感觉，面对这些旧物件，想起小时候的家，想起爷爷奶奶那辈人的生活。那时的物件简单，却超级实用且耐用，旧留声机、旧电视、旧收音机都在这个旧物馆里运作着，发出浑厚的声音，可想当年制作者们是如何地用心去做这些良心产品。

　　不辍旧物馆对于收藏家们来说是个很好的去处，相信不久的将来，淘旧物也将成为一种趋势和潮流。

集美，令一代爱国华侨眷恋的地方

沿着陈嘉庚先生故居、归来堂、集美解放纪念碑、鳌园等一路慢走,进行一次了解陈嘉庚先生的背景和贡献的文化之旅。

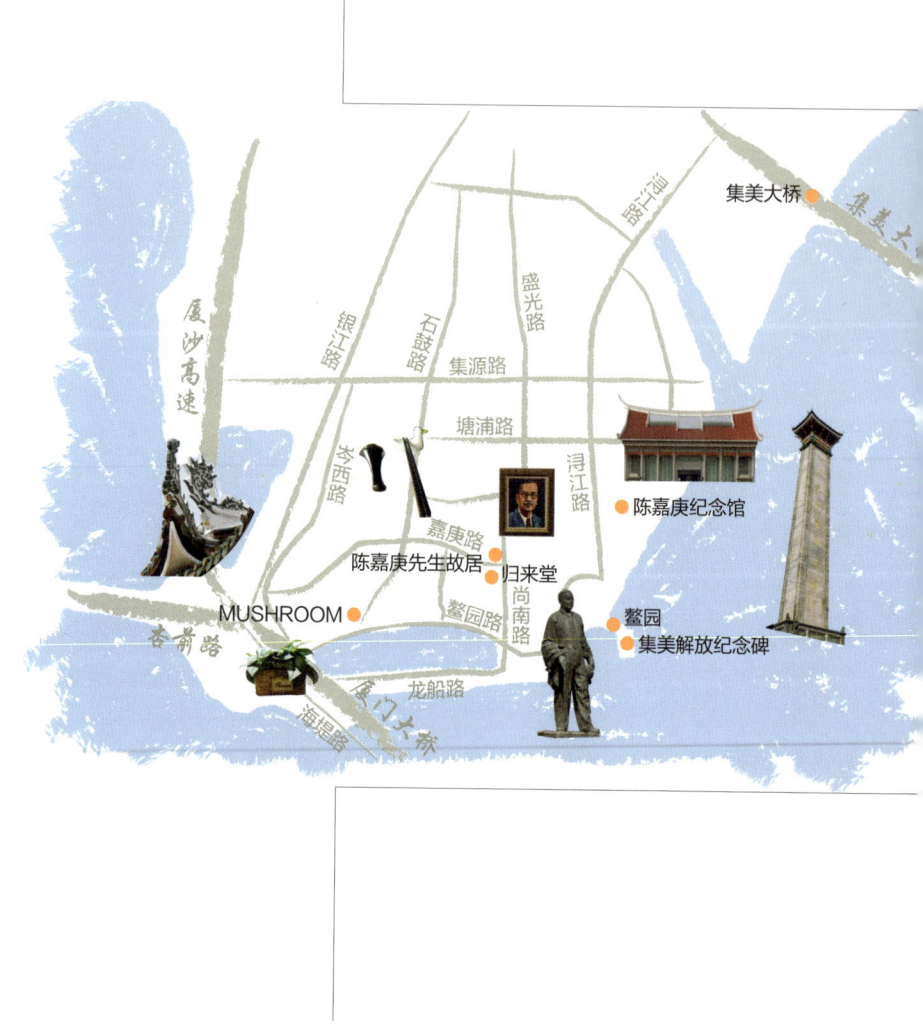

厦门,这座城

一代爱国华侨的故乡，这里有对祖国深深的眷恋

厦门的集美区是仅次于思明区的另一个值得漫步的区域。集美区的交通没有思明区便利，没有各种海上的活动，相比思明区人也要明显少一些，景色虽然比不上思明区，但人文历史文化的气质却胜过思明区。

集美学村是进入集美区的首要标志，这里有着特色的闽南建筑群，有着南洋文化的早期文明特征。印象中的南洋先辈们漂洋过海，在天时地利人和都不具备的情况下创造了属于他们的文明和文化。陈嘉庚先生和当年的解放战争都在集美学村留下了不可磨灭的辉煌印迹。毫不夸张地说，集美区就是关于陈嘉庚先生的文化区。

走在集美大桥上回顾这一路的沉淀，历史的车轮不曾停止，文化的发展也是一路繁荣，厦门这座富有个性的城市，放眼看去，各式建筑或巍峨挺拔，或凌空欲飞，除了海浪的味道，空气中始终郁结着古典和书香的气息。

厦门，这座城

MUSHROOM
文艺与摇滚的碰撞

　　都说集美学村是有文化的，而且这里的文艺点也是很轻松就能够体验到的，MUSHROOM可谓是创造了文艺的理想化和概念化，把文艺和摇滚无缝对接。

　　MUSHROOM由蘑菇书店、蘑菇咖啡、蘑菇酒吧、蘑菇放映四大"文艺活动"组成。

　　一、二层分别是蘑菇书店、蘑菇咖啡；三层是蘑菇酒吧——小型livehouse，不定期会有乐

队演出和独立电影放映。原木的装修风格,宽大的场地,从视野上给人干净利索又大方时尚的感觉,人在这个空间里不由自主地放松,浑身的压力都随着环境的舒适而释放。

　　MUSHROOM既有别于传统的咖啡店或书店,又独具特色、彰显个性、动静皆宜。如果你是走清新文艺风,即可在书店中寻找一个角落,让心灵沉淀;抑或发呆、思考、品尝一杯优质的现磨咖啡;也可以选择坐在靠窗的位置欣赏外面龙舟池的光影与日落。如果你是个喜欢原创音乐、富有激情的摇滚青年,可以关注MUSHROOM的海报和活动通知,不定期会有音乐人及乐队的现场演出,夜场很热闹。如果你是一个电影迷,MUSHROOM享有独立电影的放映授权,为观影者提供最优质的放映交流体验。

　　MUSHROOM的简餐不仅种类很多,而且精致可口。意面、比萨饼、甜点、冰品、花式饮品、各种拼饭套餐,随意选择。拿铁和抹茶拿铁味道很赞,浓郁的奶香融合了醇厚的咖啡香,层次丰富。手工蓝莓饼干、蔓越莓饼干料很足。餐单的封面和店家主题也遥相呼应,形态大小不一的小蘑菇憨态十足。

　　不得不说MUSHROOM混搭得相当成功。

143

陈嘉庚先生故居

倾资兴学、赤诚爱国、鞠躬尽瘁

对于厦门来说，最重要的两个人是郑成功和陈嘉庚。郑成功收复台湾、扬国威，立下铁血战功。陈嘉庚先生穷毕生时间、倾举家钱财，赤诚爱国、办学育人，种种壮举夯实了国家和民族富强的基石，造福四方百姓。

在厦门，处处都有陈嘉庚先生的影子，从集美学村里的学校到厦门大学里的大楼，很多都是陈嘉庚先生当年亲手设计的。对于建造了如此多精美建筑的陈嘉庚先生，他自己居

住的住所又是怎样的呢？让人心生好奇。

除了陈家在海外的别墅，在陈嘉庚先生的故乡集美，还真有一座陈嘉庚先生故居，可以让我们探访一下这位传奇人物的日常起居。

集美镇后尾角，有一座中西风格兼蓄的白色二层小楼，两端是类似欧洲钟楼的多边形三层建筑，这里便是陈嘉庚先生在厦门时居住的地方。实际上，现在的陈嘉庚先生故居是1980年按照原来的小楼重建的，原来的别墅是1918年完工的，在1938年抗日战争期间被日军飞机炸毁，1955年进行修缮。为了纪念陈嘉庚先生，1980年在原址按原貌进行了重建，按先生晚年居住情况陈列，珍藏有陈嘉庚先生的手稿、衣服及日常生活用具等遗物，并对外开放，供人参观、瞻仰。故居内各房间均为展览室，以图片和实物介绍陈嘉庚先生

生平事迹。看着先生用过的那把补了多次的布伞,让人唏嘘不已,一个拥有万贯家财的人,生活却如此节俭,真的是将每一分钱都投在了教育事业上。

至今,每每看到陈嘉庚先生当年"宁可变卖大厦,也要支持厦大"的豪言壮语,钦佩先生气魄的同时,也不禁热血沸腾,正是有先生这样的民族脊梁,发出那振聋发聩的声音,引导、激励着后来人踏上民族救亡、复兴之路。

陈嘉庚纪念馆
华侨旗帜、民族光辉

　　陈嘉庚先生一生捐资助学、修桥铺路，建设公共设施，不为名不为利，为民族独立、人民解放、祖国富强做出了卓越贡献，留下了宝贵的精神财富和物质财富。

　　集美是陈嘉庚先生的故乡，当时的集美学校和厦门大学是陈嘉庚先生投入巨大财力、物力创建的，但陈嘉庚先生一心为公，在集美学校和厦门大学内没有一座以他名字命名的建筑。他爱国爱乡、倾资兴学、服务社会，一生不在意任何的虚名。厦门和集美人民一直

感念陈嘉庚先生为家乡所做出的贡献，希望有个专门的场所展示陈嘉庚先生的光辉事迹，弘扬嘉庚精神。2008年10月，在广大群众的期盼中，陈嘉庚纪念馆正式开馆。纪念馆为独具特色的闽南风格的三层建筑，馆内设施维护得非常好，环境整洁。纪念馆分为"华侨旗帜民族光辉——陈嘉庚生平陈列"和"在陈嘉庚身边——嘉庚现象诚毅同行"两个基本陈列。

  步入纪念馆，首先看到的是一座汉白玉雕成的陈嘉庚先生雕像，他手拄拐杖温和地微笑站立着，像在欢迎各位访客。纪念馆通过大量的实物、照片、文字等详细地介绍了陈嘉庚先生的生平事迹，从他在海外艰苦创业，到事业有成后倾资兴学、情系乡国，在民族危亡之际纾难救国，也介绍了那些被陈嘉庚先生高尚品格折服、聚集在他周围的精英人才。

纪念馆从各地收集了大量与陈嘉庚先生有关的文物、实物，较重要的文物还有陈嘉庚先生遗嘱、陈嘉庚先生证件证书、陈嘉庚先生公私信函、陈嘉庚先生工作和生活用品、陈嘉庚先生在第一届全国人民代表大会第一次会议的大会发言录音、集美学校"诚毅"牌匾、集美学校各机构印章、集美小学和集美医院牌匾、生产"嘉庚瓦"的制瓦机、生产橡胶制品的绞胶机、陈嘉庚先生赠送给亲属和身边工作人员的手表等物品以及一批南侨机工文物等藏品，通过这些实物让人们了解陈嘉庚先生的生活和工作。

  陈嘉庚先生为民族独立、祖国富强做出了卓越贡献，相比于他所留下的巨大的物质财富，他带给人们的精神财富更值得珍惜，再多的物质财富总有用完的一天，高尚的精神财富却会感染越来越多的人。嘉庚精神超越时代，是属于我们所有国人最宝贵的财富。

归来堂
扫榻以待海外亲人归来

陈嘉庚先生作为著名的爱国华侨领袖、企业家、教育家、慈善家、社会活动家,几十年如一日,投入巨资,先后创办了集美小学、集美中学、集美学校、厦门大学。陈嘉庚先生的一生,充满传奇和光荣,从加入同盟会支持辛亥革命,到支持抗日战争在海外组织各类活动,海外华侨为抗战提供了1/3的资金,以陈嘉庚先生为首的南洋华侨捐款约15

亿元。中华人民共和国成立后,陈嘉庚先生支持统一、反对分裂,被毛主席誉为"华侨旗帜、民族光辉"。

陈嘉庚先生除了身体力行,将自己的全部财产用于教育事业,也用自己的高风亮节感召和凝聚了一批有志之士与他共襄盛举。他的影响远远超出了国界,不仅中国内地人民尊敬他,而且华侨和海外华裔也尊敬他。陈嘉庚先生深知华人、华侨漂泊海外、孤苦无依的艰辛,故有意在住所前建一个归来堂,寓意召唤海外亲人不忘故土、及早回来,也为归来的华侨提供一个聚会、活动的地方。

但天不遂人愿,归来堂还未建成,陈嘉庚先生却驾鹤西行。在1962年陈嘉庚先生逝世一周年之际,归来堂正式落成,了却了先生的遗愿。归来堂建筑面积4 000多平方米,为白石砌墙、绿瓦盖顶的闽南风格的单层建筑,由厅堂、拜亭、会客室、厢房和庭院组成。厅堂正中安放着陈嘉庚先生的石雕坐像。跨出厅堂门就是拜亭,庭院里花卉盆景、珍树嘉木,生机盎然。

陈嘉庚先生毕生以民族大业为先、一生为公,一个归来堂述说多少生前身后事。

厦门，这座城

集美解放纪念碑
缅怀先烈的致敬之地

穿过鳌园一条长长的游廊，在鳌园深处的广场正中，耸立着一座高大的纪念碑，这就是陈嘉庚先生亲自设计的集美解放纪念碑，是鳌园内的主题建筑。在厦门，精美秀丽的园林时常可见，独具特色的别墅、小楼也不鲜见，可像集美解放纪念碑这样高大巍峨、气势磅礴的建筑却是不多见的。

在解放军向东南进军、解放福建的过程中,中央军委副主席周恩来为了保护陈嘉庚先生创建的集美学校,专门做出了一定要保护好学校的指示,解放军部队放弃使用火炮等重型装备,仅使用机枪、步枪等武器,终于解放了集美,保护了集美学村。

为了让后人铭记人民军队解放集美的丰功伟绩,陈嘉庚先生专门赴北京考察了人民英雄纪念碑后,在建造集美鳌园时亲自设计了集美解放纪念碑。花岗岩建成的纪念碑,碑高28米,毛主席应陈嘉庚先生所请题写的"集美解放纪念碑"镌刻在纪念碑正面,背面是陈嘉庚先生亲手撰写的碑文。四层碑座,将纪念碑层层护卫在中心,碑座正面是第一届全国政协会议以及党和国家领导人合影的大型浮雕,浮雕周围的石栏上刻有珍禽异兽、奇花异草。纪念碑的台基上有动物主题的精美青石浮雕,每块浮雕的上方都镌刻着富有时代特色的标语、口号。

集美解放纪念碑上展现东南物产的浮雕和标语,让人深刻地体会到当年人民解放集美的喜悦和建设新中国的热情。

鳌园

寓教于游的石雕百科全书

1913年，陈嘉庚先生回到家乡厦门集美后，先后捐资创办了集美小学、师范、中学以及水产、航海、商科、农林、国学等各种门类的专科学校，因这些学校位置接近，逐渐形成了集中连片的校区，故统称集美学村。

鳌园就位于集美学村内，原来是海边的一座小岛，因为形似海龟，故称鳌园。岛上曾有一座小庙，叫鳌头宫，又名千里宫，抗日战争时期被日军摧毁。1950年，陈嘉庚先生

在废墟上重建鳌园,亲自设计、督建,历时 10 年,将岛屿填海扩建,最终形成现在半岛模样的鳌园。

陈嘉庚先生设计鳌园的初衷,除了为集美学村的师生提供一个休闲游玩的地方,也是将此地作为一个科普乐园。园中建筑和雕刻,均体现他寓教于游、寓教于乐的思想,包含中外古今、天文地理、科技文教、书法绘画、动物植物、工农业生产等诸多方面,无所不有,无所不包,博大精深,是个博物大观园。进入鳌园,首先是一条 50 米长的门廊,中式廊庑,四向通透,这里是鳌园内吸引游客最多的地方。门廊的设计精巧洒脱,两厢墙上镂刻着连环组雕,58 幅历史人物故事的青石镂雕是鳌园 653 幅石雕的精华,门廊外的围墙有各种石雕 291 幅,其中浮雕 229 幅、沉雕 42 幅、影雕 20 幅,还有全国各界名人名流名家的书法楹联题刻,真、草、隶、篆、行各种书体均有,书法上乘,刻艺精湛,园内众多的雕刻是福建石雕艺术的瑰宝。

鳌园汇集闽南石刻精华,表现了我国高超的石雕艺术水平,故有闽南"石雕博物馆"之美称。

厦门,这座城

集美大桥
国内第一个采用"M"字造型的桥梁

集美大桥起于环岛路与五石路的交叉口,以桥梁方式跨过浔江港海域(厦门岛与集美半岛之间的海域),在集美乐海路上岸,沿乐海路途经嘉庚体育馆、大学湾,接集美大道,直达厦门北站,全长 8.43 千米,其中跨海部分 3.82 千米。大桥建成后,驾车从集美大桥跨海只需七八分钟。

集美大桥由于桥面比较宽,为了让桥梁合理受力,将桥梁分成三幅,即设左边三车道,中间两车道,右边三车道。桥梁每幅桥面之间都设有防护栏。人们无论是平视还是鸟瞰,都会觉得它像是三座桥合拢在一起。特别的景观设计,给大桥增加了独特的魅力。

自驾慢行在大桥上,细细品味厦门的城市之美。温和的阳光洒向海面,远望海天一色的天际线,城市的轮廓挺拔刚毅,可以看见集美大桥在海面上画了一条优美的弧线。

华灯初上,星光璀璨,勾勒出桥梁的轮廓,侧面看是一条美丽蜿蜒的曲线。不同的心境,不同的景致,放眼望去,两岸灯火阑珊,水中倒映着绚烂的光彩,顺着流水随着灯光,怀着崇敬的心情参观集美村,感受历史沉淀的风韵与芳华。

颜料和霓虹
交织在城市
的夕阳里

继续跟着我的脚步来一场思明区和湖里区的文化艺术之旅,定会带给你美的享受,文化的熏陶。

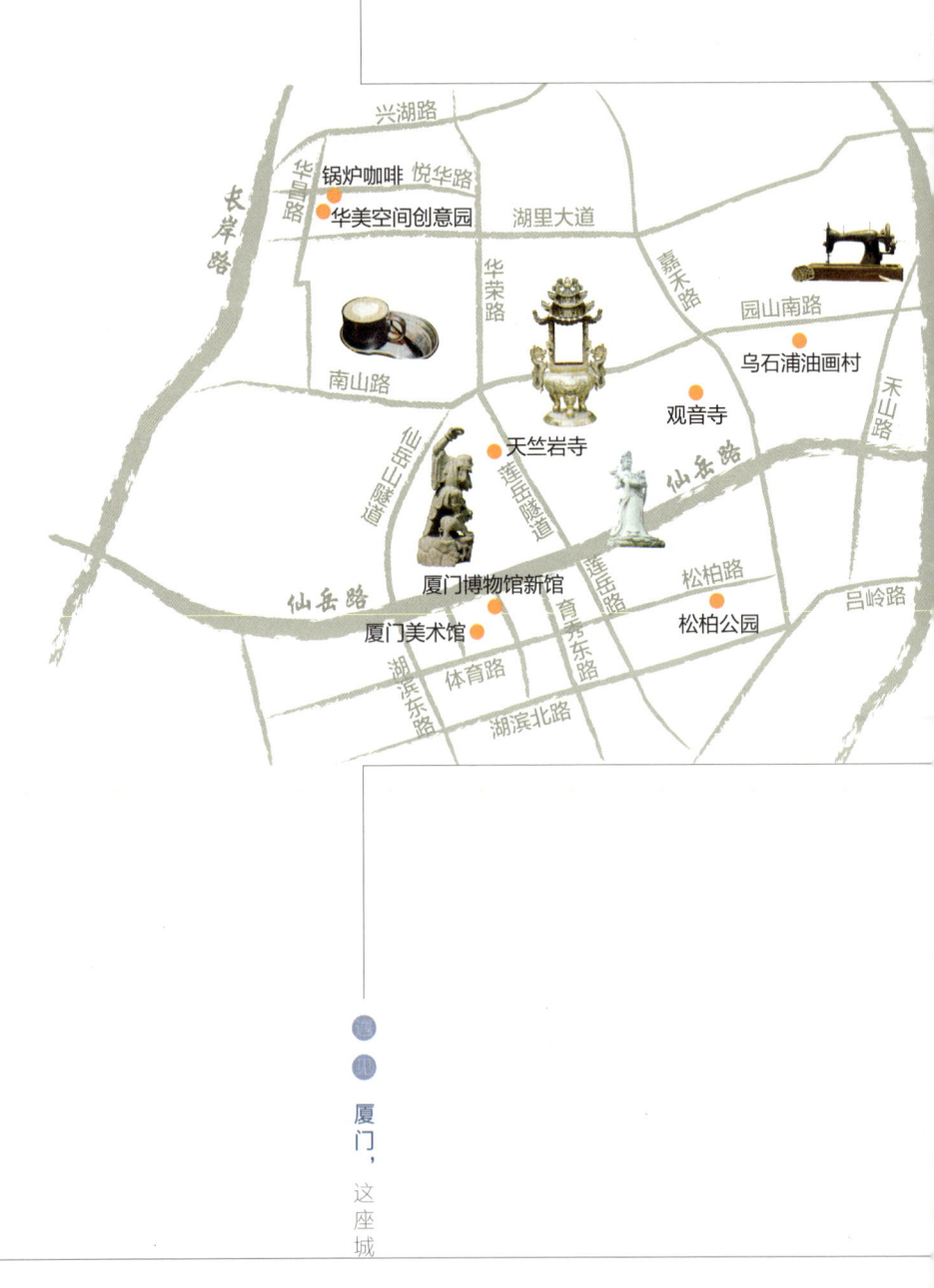

厦门,这座城

寺院梵音交织的创意园，入夜的霓虹色彩斑斓

顺着集美区的文化之旅，思明区和湖里区的文化艺术之旅也是厦门之行的一大看点。每个城市都有博物馆，有关于艺术的博物馆，有关于自然人文的博物馆，也有关于城市历史的博物馆，而作为离台湾最近的厦门，两岸发展、宗教、艺术交流等都成为重要课题。我很想通过厦门大学来作为厦门文学艺术的突破口，却意外地发现，思明区还有着厦门悠久的文学艺术之源。行走于厦门的博物馆、艺术天地、村廊画道，厦门这个宜居城市的文化优势也倍显珍贵。

每个城市都以不同的文化示人，记得曾有一个游戏是听声辨城市，不同的城市发出的声音会有不同的辨识度。关于厦门这座城市，除了海浪敲打岩石的声音，相信还可以有画笔的声音。厦门拥有众多的世界文化遗产，我们随处可以看到、感受到那海岸之上的悠久的文化背景，在思明区的街道和砖瓦之外，仍有那不同的文化、教育背景带给人美的享受、文化的熏陶。

厦门美术馆
书画作品的现代化展出场地

厦门美术馆隶属于厦门市文化馆，位于厦门文化艺术中心内，2007年正式开馆，总建筑面积超过2万平方米。

厦门美术馆给人的感觉，首先是大，其次是高，再次则是新。

首先来说它的大，大平面设计风格的建筑，给人以强烈的视觉冲击。步入美术馆，首先映入眼帘的是一个面积超过1 000平方米的序厅，放着一些活动的宣传资料，这里完全

可以作为举办开幕式等大型活动的室内场所。它的展厅多达 7 个，上万平方米的展厅，可以同时举办多场专业展览。

接下来说说它的高。从室外就能发现厦门美术馆的建筑物很高。进入美术馆一层，在序厅右侧有个大型现代化艺术展厅，随着人群走入展厅，一面面隔断墙将巨大的展厅分割成一个个独立的空间，挂满书法和美术作品，有些在别的美术馆里只能收起来的长对联，可以在这里毫无压力地展出了。目视这个展厅的厅内高度有 10 米，并且天花板上各种配套设施齐全，完全不会因为层高过高而影响照明。

再来说说它的新。这个馆是 2007 年才正式开馆的，相对于很多地方多年没有进行修缮的美术馆，厦门美术馆绝对够新。厦门美术馆的新还体现在技术上，按照馆内介绍，馆内的精品展厅设置有最先进的温度和湿度控制设备，可以保证各种贵重的艺术品和文物珍品在恒温恒湿的展厅中展出。它的多媒体展厅，为美术作品的展出探索出新思路、新方向。

厦门美术馆的馆藏作品也不少，最为有名的是它那 100 多件中国漆画作品、全国摄影大赛获奖作品和上百件的书法作品。美术馆内除了一些永久的展示外，还经常会举办一些临时性的展览，比如"厦门美术书法作品大展""俄罗斯摄影展"等，运气好的话就能遇上，也可以根据展览公告，有选择地去参观。

厦门博物馆新馆

厦门历史的见证者、闽台文物的集中地

了解一个地方最简单的方法,就是游览当地的博物馆。厦门的博物馆很多,特别是那些私人博物馆,都非常有特色,很多甚至是国内独一无二的。如果论博物馆的展馆面积和综合性,厦门博物馆肯定当仁不让。

厦门博物馆由厦门博物馆主馆、郑成功纪念馆、厦门经济特区纪念馆、厦门市文化遗

产保护中心、思明破狱斗争陈列馆、陈化成纪念馆、陈胜元故居7个部分组成,是全面介绍厦门历史和闽南文化的一座地方综合性博物馆。

厦门博物馆主馆也就是厦门博物馆新馆,位于厦门文化艺术中心内,2007年从原址迁来此地,新馆建筑面积2.53万平方米,展厅面积9 597平方米,库房面积2 800平方米,新馆较之旧馆建筑面积扩大6倍,可以更好地满足游客的需要和更妥善地保护馆藏文物。

参观厦门博物馆新馆的时候,已经有厦门历史陈列、闽台古石雕大观、闽台民俗陈列和馆藏文物精品展正式对外开放了。新馆布置独具匠心,有很多与一般博物馆的不同之处。现在的博物馆,为了保护展品,大多是将展品与参观者完全隔离,游客只能隔着罩子远远观望,所谓的互动式大多只是放一个4D互动电影。厦门博物馆新馆的好几个展厅,比如介绍闽南民居和建筑的展厅,直接布置了等比例的民居,让参观者可以实际感受,这样的

展览，参与感更强，体会也更深。

每个系列的陈列展品都很丰富，比如闽台古石雕大观，从乡间用的石台、石雕栏杆、神态各异的石雕佛像到器形完整的石雕器具，无不展现着闽南石刻的精美和石雕业的发展水平。

厦门灿烂而悠久的历史，不是一两个博物馆能装下的，但是厦门博物馆新馆能为我们打开一扇窗，一扇认识厦门过去、体味厦门现在的窗。

松柏公园
没有松柏的小小松柏公园

颜料和霓虹交织在城市的夕阳里

松柏公园总面积约 6.7 万平方米,公园在 2016 年全面改造后,主要有 5 大功能区,分别为:主入口活动区、青少年娱乐健身区、绿荫滨水休闲区、老年人休闲活动区、棕榈岛休闲区。

在城市里欣赏大自然景色的最佳去处必然是公园,公园寄托着人们对城市生活的执着和对自然的渴望,除了起到绿化美化环境的作用,也是大众重要的健身场地。

  清晨的松柏公园，有人迎着朝阳挥洒汗水享受跑步；有人练着动静结合的太极拳；骑行爱好者在林荫道上悠闲骑行。

  午间的松柏公园，成群结队的孩子们在炎炎夏日下纳凉嬉戏，大爷们围坐一圈激烈地征战棋局。

  夜幕降临，各大派系广场舞、健身操占领公园的每一片空地，可谓声势浩大，蔚为壮观。排着整齐的队形，穿着整齐的服装，一招一式，一板一眼，认真又卖力。

  松柏公园围绕着松柏湖而建，人们可以在散步中饱览粼粼碧波，或坐在长廊里休憩，或在曲径通幽的石板路上漫步，或在小桥上留下倩影，或在广场中参与任何一个队伍激情地舞动一曲。

  公园里每一个角落都充满欢歌笑语，人们在这里享受着一天中自由惬意的时光。

颜料和霓虹交织在城市的夕阳里

天竺岩寺
深山中的百年古刹

　　寺庙是我国建筑艺术的瑰宝库，是我国悠久历史文化的象征之一。厦门的寺庙在我国的寺庙文化中占有重要的地位。

　　厦门多山，风景秀丽，在城市化的进程中，越来越多的深山古庙开始显露真容。几多磨难的天竺岩寺就是这样一个寺庙。

天竺岩寺位于仙岳山上,归属禾山仙岳社。天竺岩寺的历史非常悠久,按寺内资料记载,寺宇肇建于清康熙末年,因独峙孤岭,隐藏深山,人迹罕至,毁建传承未被世人所知晓。清末,漳州南山寺僧转密上人挂锡于此,苦力经营,意图重修。20世纪30年代初,妙释寺住持善琳法师在众多信徒的资助下,终于重建天竺岩寺,扩建殿堂寮舍,占地面积300余平方米。善琳上人圆寂后,其弟子正明法师继承衣钵。可惜,抗日战争胜利前夕,天竺岩寺毁于战火,被夷为废墟。

厦门作为国内文化最开放的地方之一,从政府到民众对宗教信仰都持开放和包容的态度,对于这个历史悠久的寺庙,信徒中一直有重建的呼声,20世纪末,经政府有关部门

审批同意，天竺岩寺开始重建，由南普陀寺寺僧释明德主持佛教道场的工作。

寺院按中国传统寺院而设计，规模远胜从前，讲究中轴相应，建筑群体以黄墙黄瓦为基调，是传统的闽南风格，重檐飞挑。在十方善众的支持下梵宇琳宫己初具规模，现法堂、南北罗汉殿、钟鼓楼、祖师殿、关公殿等已落成，2016年厦门佛教界迎新春团拜会就是在天竺岩寺举行的。

一座小小的寺庙，几度被毁，又几度重修，如今已从深山走向闹市，向人们诉说着自己的历史。

厦门，这座城

观音寺
喧闹中的一处佛门净地

观音寺，位于仙岳山东麓，是中华人民共和国成立以后厦门地区新建的第一座大型寺院。1994年，厦门市佛教协会副会长定恒法师主持筹建，至2003年完成山门、观音寺、大悲殿、万佛塔、五观堂、香积厨等建设工程，总建筑面积近9 000平方米。

山门屹立于山下，坐西朝东，面向大道，为三间四柱牌楼，琉璃瓦覆顶，中间榜书"观音寺"，色彩绚丽，气势磅礴。

大悲殿在观音寺之后，依山势构筑。阁分两层，建筑面积700多平方米，底层为寮舍，上层为殿堂，居高临下，气势宏伟。大悲殿重檐歇山，屋面浑健雄大，檐角反翘如大鹏展翅，厚重硕健；正脊两端加饰鸱吻，鸱尾卷曲相对。殿堂五开间，立柱雄伟，大气磅礴，有唐代刚健雄壮之风，殿内供奉观世音菩萨像，高8.8米。

万佛宝塔在观音寺右侧，坐西朝东，规模宏大，塔基占地面积达1 600多平方米，整座建筑共13层，连同塔刹通高78米。

万佛宝塔的旁边是观音寺的素食馆，以自助的形式就餐，种类丰富，能满足各地游客的需求。

观音寺每天都引来各地虔诚的游客前来祈愿、还愿，香火十分旺盛。

乌石浦油画村
油画的世界，追梦人的聚集地

　　乌石浦油画村位于厦门市湖里区江头街道江村社区。乌石浦及周边约 0.25 平方千米范围内，共有画师、画工 4 000 余人，画店商近 200 家，约 1 万人从事油画后勤工作；从事油画产业配套工作，如经营画布、画笔、制作画框的约 3 000 人。2006 年 2 月 8 日中国美术家协会、中国文化部产业司将乌石浦命名为"中国文化（美术）产业示范基地"。

经历数次沉浮的厦门油画发祥地乌石浦,重新成为厦门油画业界的聚焦点。厦门欲将其打造成以"艺术乌石浦"为形象的高端综合艺术区。

十年乌石浦,百年油画村,在当地朋友的带领下,我特地跑来参观艺术家的聚集地,感受文化气息。如有心仪画作可收藏下来,一举两得。

刚踏入村口,一排由油画村的画家们在围墙上绘出的各式画作成为街头一道亮丽的风景线。行走在村中,一排排的工作室,参差不齐地排列在道路两旁。沿街店家挂出的各色画作吸引着游客的眼球。这里有当地的画师,也有来学画的外来者,为了追寻自己的理想奋斗在狭小的工作室中,这里既是工作间也是起居室。我最后选择了一幅画师的原创作品,原创画作凝结了创作者的心血,对画师和我来说都是无价的。

此情此景，让我想起《追梦人》这首歌："让流浪的足迹在荒漠里写下永久的回忆，飘去飘来的笔迹是深藏的激情你的心语……"每个人都有自己的梦想，而实现梦想是一个艰辛的过程，梦想是生活的延伸和拓展，是人类进步的动力，是创作的源泉。只有坚持下来的人，才会成功。向坚持梦想的画师们致敬。

颜料和霓虹交织在城市的夕阳里

华美空间创意园

闽台文化产业试验园

　　厦门经济特区是中国经济最活跃的地方之一，从 1983 年湖里区吹响厦门改革开放的号角开始，厦门一直走在中国经济改革的最前沿，一直以来制造业在厦门经济组成中占了很大的比重。随着改革开放的深化，经济转型也在厦门如火如荼地进行着，其中从中国制造向中国创造的转型就是厦门改革的新方向。

作为"美丽厦门"战略规划的重要组成部分之一，2013年联发集团联合上海创意产业领军企业圣博华康共同打造华美空间创意园，园区为国家级闽台（厦门）文化产业试验园核心区。

华美空间创意园南临湖里大道与特区纪念馆，西至象屿保税区，距港口码头、机场、火车站5 000米路程，与厦门岛外三大新区紧密连接，设公交站点华美站、华昌站，规划地铁3号线湖里站，交通便捷、区位优越。

华美空间创意园园区占地4万多平方米，建筑面积超过5万平方米，由原中外合资的

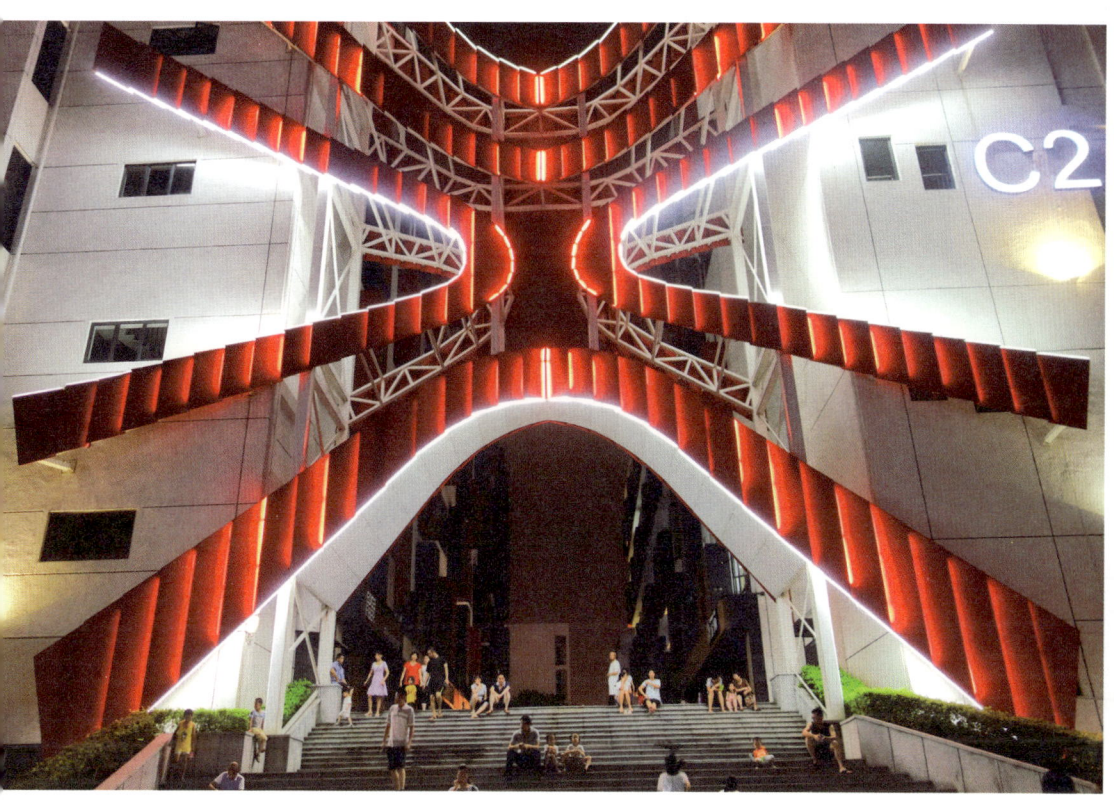

华美卷烟厂的一栋大空间厂房、两栋高层烟叶仓库以及6个独立庭院式建筑构成。华美空间创意园的建设，赋予了原本应被拆除的废弃老厂房新的文化价值，建造集文创体验、休闲娱乐和都市旅游于一体的新地标，创造了巨大的经济价值。

华美空间创意园区以"主张创意生活"为宗旨，园区由创意办公空间、创意生活空间与创意展示空间三大板块组成，拟形成数字内容与新媒体产业、创意设计产业、时尚文化体验产业、信息应用产业、文化旅游产业等产业集群，实现了该地区产业的转型和升级，减轻了环境的负担，实现了精神和物质的双丰收。

锅炉咖啡

工业风格的创意咖啡馆

　　顾名思义，锅炉咖啡就是一个由旧锅炉厂房改造而成的工业风格的创意咖啡馆。在原来冷旧的基础上，进行改造及创新，其随性与不羁的风格，成为现代年轻人追赶的潮流；独特的装饰元素，能让人体会到复古而个性的韵味；加入了一些明快且跳跃的色彩使得空间感更强；软装萌饰的点缀弱化了强硬的视觉冲击。一楼挑空设计使得视野开阔，纵向拉伸空间的阔度。二楼有座位可以俯瞰一楼的表演，DJ场控也在二楼，整体音响效果不错。这里也很适合姑娘们摆拍，综合空间很大，光线也很好，环境绝对的五星级。

颜料和霓虹交织在城市的夕阳里

红柚莫吉托：烧杯模样，憨态可爱，低卡路里、低酒精度、冰冰凉凉的莫吉托是夏天里适合女生享用的饮品。

扳手巧克力：摆拍道具，造型胜于味道。

草莓炉冰乐：新鲜的草莓完美地融入冰爽的饮品中，褪去一身的浮躁。

红丝绒蛋糕：实物和名字一样美，软绵丝滑如天鹅绒一般。

在这繁忙的工作生活之余，锅炉咖啡可以让你一扫工作中的疲惫，放松不停旋转的神经，唤醒自身极致的感官享受。暖暖的阳光懒懒地洒向木质的桌面，空气中弥漫着淡淡的咖啡香，沉浸在这个梦幻一般的下午茶时光里，你可以慢下来，不忆过往，不追朝阳，偷得浮生半日闲。

青春洋溢的南华路时光

从南华路走到了城隍庙,再到中国欧洲艺术中心、晓风书屋,一路看不厌的风景,说不完的故事。

厦门,这座城

文艺是怎样的模样,这里会给你最好的答案

　　南华路的路走不完,南华路的景看不厌,南华路的小店转不够。南华路的一切都吸引着我要来一次暴走和深度游,无论是大学路还是南华路似乎都有一定的相通之处,而南华路的特色又在大学路之上,南华路更具包容性,它几乎可以涵盖厦门的精华。如果说有机会到厦门,那么一定是推荐南华路,不逛南华路似乎就不算踏上过厦门这片土地。都说南华路是文艺青年的天堂,在我看来,南华路上除了文艺之外还有着生活的繁华和繁荣。

　　南华路上的旅行选择在 REYI·厦门国际青年旅舍下榻,那份家的归属感至今仍深深地刻在我的脑海里,别致而宁静的院落让一天的暴走变得更加有意义。旅舍里好客的工作人员为我提供了创意的贺卡,他让我写下在厦门的心愿,其实当时我的大脑里是一片空白。但在他的建议下我把自己这一路的所想所感用卡片的形式留在了厦门,也期待看到卡片的人们会与我一起因南华路的繁华和特色产生共鸣,也许我们不在同一座城市,却在不同的时间有了共同的感悟。

　　南华路,一路的风景和说不完的故事,期待与更多的人共同拥有和分享。

厦门，这座城

南华路
流连忘返的半天

　　厦门的南华路是厦门文艺青年的聚集地，也是厦门这座城市里最具文艺气息和小清新气质的地方。这里和北京的后海及什刹海的氛围不相上下，只是北京那是老的四合院建筑群，而厦门这却是老华侨的别墅群，有着老南洋的文化底蕴。

　　南华路一带除了老的建筑群外，其他建筑现在渐渐都被改造成了特色的咖啡馆、旅店

以及酒吧。之所以说它具有文化底蕴和文艺气息,全然是因为一些文艺青年在这里开启了他们的悠闲经营理念。在这里可以体验到悠闲的生活、缓慢的节奏,绿树、红花、藤条桌椅是这一带的风景线,惬意而悠闲地在这条路上待上半天都不会觉得厌烦,悠长、缓缓而上的小巷里,藏着许多咖啡馆,这些咖啡馆韵味十足,弥漫着浓浓的小资情调。各类装修精致的咖啡馆每一个都转卜来,也许几天也参观不完,如果想再享受下午茶之类的,那估计得带足银子。背上单反相机,每个角落都可以取到不同的景,若是在这个地方拍婚纱照也别有一番情趣。

据当地人介绍,南华路这条不经意的小路居然是厦门咖啡的起源地,使得厦门成为中国最美的咖啡之城。在这条路上最出名的、最多的就是咖啡馆,形形色色的情侣在这里穿行,一到晚上,一段段的浪漫爱情故事就在这夜色下上演。整条路上都飘着悠扬浪漫的曲

调、轻柔的音乐，与色彩丰富的街道形成一处独特的风景。我最爱这路边的花花草草，看着就欢愉，绿色是清新的色彩，彩色是欢快的色调，走着走着，逛了一间又一间的咖啡馆，终于在一个摆满了各种CD和书籍的人少的咖啡馆落座，点一杯咖啡，静静地待上一下午，享受一段宁静的时光。

南华路的花异常艳丽，就如同我的心情。走在这座美丽的沿海城市，也就明白了为什么那么多的人要来厦门定居，的确，厦门的生活令人向往。

青春洋溢的南华路时光

厦门时光杂货铺

穿越时光隧道

　　南华路的厦门时光杂货铺把像念珠一样滑过的日子串成了记忆，让人徜徉在以往的岁月中。当额头添上岁月的痕迹，心灵仍记载着年轮的沉重，一件件物品摆设被岁月无情地刻画出道道印记，却足以唤起内心曾以为忘却的淡淡的忧伤和美好的回忆。非常喜欢厦门时光杂货铺这个名字，有种穿越的感觉，从成年回到了童年，好像机器猫口袋里装的时光

机,随意地拨弄就能回到不同的年代。

　　据说厦门时光杂货铺的创始人是厦门大学艺术系的毕业生,当初开店的主要目的是教小朋友们画画,因为保持了一颗童心,以收集旧物为主的爱好发展到与别人分享旧物和生活阅历,而这种分享的方式似乎也成了这个时代的一种潮流。店铺经营已有10年以上的历史,店铺的面积没有大的变化,商品的种类却是越来越多,近50平方米的店面里整齐地陈列了各种外贸工艺品、天然水晶制品、民族服饰和创意杂货类的小商品,一面不大不

　　小的玻璃窗上挂满了各式的小玩意，远远地就吸引了路人的目光。店内空间也是由店主参与设计和规划的，带给人们一种丰富多彩的视觉感受，特别像幼儿园小朋友们的教室，每件东西都让人爱不释手。

　　设计改变着我们的生活方式，创意新鲜着我们的生活模式。厦门时光杂货铺就是设计和创意的复合型店铺，相信很多朋友都会在厦门时光杂货铺的影响下更加关注生活创意，有了更为有趣的生活方式和要求，也希望厦门时光杂货铺有更多的创意、更好的商品。

厦门,这座城

厦门城隍庙
汉民族宗教文化中最普遍、最重要的神祇庙宇

在中国的传统社会中,每个乡村都有土地庙,每个城镇都有城隍庙,和其他神仙都有标准造型不同,各个地方的土地公公和城隍爷都不尽相同,那是因为各地都有按当地英雄人物形象为两位神祇立像的风俗,希望那些英雄人物作为地方神来保护自己。

厦门城隍庙历史悠久,建于1387年,原址坐落于厦门古城墙南门边,是厦门岛唯一的一座城隍庙,历经600多年的风雨,饱经磨难,至20世纪70年代,厦门城隍庙被全部

拆除，彻底从原址消失。现在在思明区南华路上的厦门城隍庙，是信众吴天发在厦门大学众多学者、教授及广大群众的支持下重建的，门口摆放的石狮子、关公像以及部分屋檐等构件，都是吴天发在原城隍庙拆除时捡回来保存下来的，是有600多年历史的文物。复建的城隍庙，是一座白墙青瓦的闽南风格的两层小楼，给人一种古朴精致、与世无争的感觉。入口处，是中国国民党名誉主席吴伯雄亲笔题写的"厦门城隍庙"牌匾，贴着传统对联的两扇院门将院外的纷纷扰扰和院内的悠闲淡雅分隔开来，庙内的布置也是参照原来的城隍庙，供奉的各路神仙、很多漆面剥落的木刻等，都是原城隍庙内的老物件，在小小的大殿内，还有海外香客捐赠的黑白无常两尊神像。

厦门城隍庙不但将自己的文化坚持了下来，传承了下来，同时也将影响扩大到了海内外，为两岸的文化交流做出了贡献。

厦门城隍庙在复建时，吴天发专门建了一个接待室，方便访客交流和休息。接待室的墙上挂满了厦门城隍庙各个时期活动的照片和社会各界名人参观的留影，从侧面可以看出城隍庙文化对中国人日常生活的影响。

REYI·厦门国际青年旅舍

如家一般的旅舍

　　南华路上一抹红墙之处的绿植开得极其茂盛,独栋的楼宇之下有一个偌大的院子,这里就是REYI·厦门国际青年旅舍。到过这里的人都说这里古色古香,颇有闽南特色。旅舍之前进行了整修,保留了玫红色、黄色的墙与老花砖,小院里种上了竹林和玉兰,这些装饰是老客人的最爱;并且在新的装修基础上改造了旧家具,没有追求新颖和时尚,以怀旧为主,也是为了更好地服务老客人。

青春洋溢的南华路时光

　　这个旅舍从里到外都可以用一个"静"字来形容,虽然院落内的色彩很丰富,但黄的、红的、绿的配色恰到好处,安静并且宁静,附近没有闹市也不临街,小楼的每个房间都有窗户,从楼内可清晰地眺望远方的人流,而喧闹之外就更显得这片院子的祥和。院子非常大,住客们在院里吃着各种自采的水果,有的安静地看着书,还有的带着孩子在院内踱步,似乎院子内外的景色都应接不暇。不得不佩服老板的设计,丝毫没有住店的陌生感,反而像是回到了小时候的大杂院,大家都是熟悉的街坊四邻,一起享受清晨的阳光,又在一起静静地迎接着一轮新月的升空。REYI·厦门国际青年旅舍给了我一种归属感。

　　厦门的蚊子特别多,可能是氧气太足,我在厦门的每一天都很困,晚上早早地回到旅舍,冲个热水澡,泡上一杯岩茶,靠着窗边看院内形形色色的人,这就是REYI·厦门国际青年旅舍,在这里就像到了家里,旅舍也一直敞开着大门,等待临时回家的人们。

195

Chello（沙坡尾店）
青春飞扬的咖啡馆

　　一年又一年，海风日复一日地吹暖着大学路的红玫瑰，一树一景都蜷缩在这似水流动的文艺吧中，大学路的风景留住了很多人的身影，而文艺吧的存在谱写了一段又一段关于路人们的故事。大学路上的 Chello 咖啡馆，一个有音乐、有行云流水、有着青春飞扬的地方，它静候着每一个到来的人，舒展着它的魅力。

　　来到大学路 Chello 咖啡馆,绝不是因为口渴,音乐是吸引我进入的关键因素,年轻人的进进出出是让我对它产生好奇的第二要素。它邻近厦门艺术学院,是艺术家们褪却一身傲骨,洗净半身空聊的场所,它时刻准备迎接着厦门大学的年轻学子。进去之后我才明白,它是为大学生们量身定制的咖啡馆。幽静的略带暗黄的灯光,淡雅清新而不乏欢快的音乐,蛋糕中的艺术,年轻而好客的服务生,一个个写满了青春的脸庞和十足愉快的欢声笑语,让人不由得从心底涌上羡慕的思绪,年轻真好!大学真好!时代真好!厦门真好!这一系列的羡慕让人开始憎恨时光飞逝,不管怎么努力都不能与时间赛跑,那么就享受当下吧!

　　和年轻人在一起,时间过得尤其快。咖啡馆的咖啡不知道施加了什么魔法,浓郁香醇的咖啡豆在咖啡机内翻腾,鲜奶、绿茶、香草混杂的清新一阵阵刺激着嗅觉,配合咖啡馆内的艺术元素和随处可见的壁画,时光似乎在倒流,一小段时间已陶醉在这青年领地,平淡而又难忘的空间带给我短暂的雀跃,我用不紧不慢的目光好好地欣赏了一下关于咖啡馆的一切。

黄则和（厦大店）
厦门甜品的记忆

又遇黄则和。早就觉得黄则和已经布满了整个厦门，那份对花生汤的留恋就好似在南京对鸭血粉丝汤的想念，每日似乎都要看看自己走的附近是否有黄则和。厦门大学路这一片，大大小小的黄则和真心不少，而这个厦门大学店却人满为患。

厦大店的花生汤花生很烂，汤偏甜，虽然这个店没有现做的花生汤，大部分是冷藏或

是提前准备好的花生汤,但也没有破坏花生汤的原味,还是一如既往的好吃。这个店还在店内摆了各式的厦门特产,比如凤梨酥,店外摆卖各式的面包、糕点和甜品,三明治、虎皮蛋糕、海苔肉松卷等不少品种,占了好大的位置。据说店里为了满足大学生们的各式爱好而新添了不少面包的"产品线"。整体价格非常接地气,相当适合大学生的消费水平,不愧是厦门大学这边的小吃代表!即使这样,黄则和还在不断地进步,推陈出新。

  关于黄则和,一路品尝太多了,很多人不单是为了黄则和而慕名前来,更多地是为了融在嘴里的关于厦门甜品的记忆。

晓风书屋（大学路店）
快乐的阅读时光

　　大学路上书店、咖啡店琳琅满目，新兴的各式咖啡馆兼书店也吸引了不少同学的目光。在这个竞争激烈、商业模式全面创新的时代，晓风书屋居然在一次又一次变革中仍坚强地存在着。一方面是晓风书屋的坚持，另一方面是厦门人和厦门大学人对晓风书屋的忠诚度和情感让晓风书屋得以发展到今天。

　　晓风书屋是厦门历史最悠久的独立书店，它就像各地最早的新华书店一样，是厦门最大、最早的书店，而经过多年的发展，晓风书屋现有3家分店，以大学路上的这家生意最好，环境最美，人气也最旺。厦门稍有点文化或热爱阅读的人几乎没有不知道厦门大学的晓风书屋的。据说这里是曾给厦门读书人留下许多美好回忆的"思无邪"书店的旧址，厦门大学的师生、厦门的读书人、阅读爱好者、政府官员、海外人士都对这里有着特殊的情结，很难想象当年的"思无邪"到底是何许身份，又有着怎样的故事让这些人的记忆挥之不去。不管怎么说，晓风书屋寄托了一代又一代厦门读书人的精神世界，为厦门大学的师生提供了阅读的快乐和知识的力量。

　　然而不一定都是爱读书、好读书的文化人才来这里，这里也有很多来参观、来回望历史的人，而这里的店员也以学生兼职为主，解决了厦大学生勤工俭学的问题，让更多的学生在知识的海洋中获取劳动的回报，一举两得。

　　晓风书屋的一楼也售卖明信片、卡通笔记本、印章等旅游纪念品，还有甜品和饮料供售，二楼摆着满满当当的书。如果路过，可以寄一张明信片给自己，许下在厦门大学的心愿，如果想停留也可点一杯咖啡，挑一本喜欢的书，在窗边度过一段惬意的时光。

最多游客知道的厦门就在这里

人们经常说『我想静静』，或许这里就是最好的想静静的地方，在视野之中，楼宇之间，每一处都令人安静。

遇见 厦门，这座城

中山路上的艳阳和入夜婆娑的身影

一路上行色匆匆，在厦门的思明区深入到那些略有些偏的文艺范儿之所，找寻让自己有充足理由猎奇和放飞自我的地方。

这一路的行走几乎都是在不经意或者是随意之间形成的，还有少数是朋友推荐或是自己上网搜索的，目的是让自己在厦门的旅程变得不再单一。各类建筑物、小吃、特色书店都赋予了思明区诱人的特色和魅力。这实质上是一场柔情和抒情之旅，行走的更多的是自己内心的情怀和情绪。

台湾公会旧址是一次巧遇，走进这个地方，让我们不会忘记厦门与台湾隔海相望，那里有我们的亲人，那里的人们也同样与我们遥相呼应。闽南人很重感情，这里的人们对于台胞也有着不一样的情感。

厦门午后的骄阳总会暖暖地斜照在这个城市，稀稀疏疏的红花绿叶常散发着金色的光，海风如柔软的发丝吹拂在脸庞，那么飘逸，那么美！打开手机里的音乐，反复地听着邓丽君的"任时光匆匆流去，我只在乎你！心甘情愿感染你的气息，人生几何能够得到知己，失去生命的力量也不可惜……"一字一词一音符，我想：这一刻我该思念谁，而谁又正在思念着我呢？

台湾公会旧址
海峡两岸百年风雨情

熙熙攘攘的街道旁一座三层白色小楼的外墙上挂着"台湾公会"的牌匾。小楼"身躯"挺拔,"五官"端正,低调地矗立在闹中取静的街口。若不是特意地关注它,谁也不知道它已历经百年风雨,见证了大陆和台湾的沧桑巨变。

据史料记载,厦门台湾公会是大陆第一个台胞群众团体,与北京的台湾公会是目前仅

存的两座台湾同乡会馆。在战火纷飞的年代，因厦门与台湾相邻，大量的台湾人在19世纪末陆续渡海来厦门生活。

　　这座三层的小楼是由一些热心公益的台胞捐助建成，主要负责保护台胞的合法权益，并处理与当地人的关系。台湾公会不仅承担了保护台胞健康、提供公共墓地、赈灾等慈善事业，还为无钱治病的台胞、家境贫困者提供费用。据说20世纪初厦门的卫生状况不好，每年都会出现鼠疫、伤寒等传染病。对此，台湾公会采取了积极的治疗举措，维系了各类公益事业的有序推进。也许在成立之初台湾公会只是台胞们的归宿，而随着台湾公会事业的发展，这个机构又承担了更多的社会责任和历史使命。当然，我想这些使命和责任都是由人们的意识激发而成的，这里承载的是热血青年和有志之士们的梦想。

　　时至今日，经历了百年的台湾公会旧址，已成为厦门一处旅游景点并对外开放。在这座建筑内没有了时间的概念，人们进进出出，各类图书、旧照片的展出可以让人们从厦门台湾公会的百年历史风云中，回顾岁月洗礼和沧桑变迁。

厦门，这座城

1980 烧肉粽
（中山路店）

百年知名小吃

都说嘉兴的肉粽最有名，到了厦门，居然有人推荐我肉粽作为美食，着实让我吓了一跳。我对粽子没有特别的好感，很多南方人却将糯米类的食物作为佐餐的上等之选。在中山路上，有人说没吃过 1980 烧肉粽就不算到了中山路。这样有标志性的食物激起了我对它强烈的好奇心，不管爱不爱吃，也必须要找到它，并且见证一下它的魅力到底如何。

  1980烧肉粽的门脸非常小，但却是个百年老字号。我查到的资料记载："烧肉粽是福建闽南特有的汉族传统名吃，在泉州、厦门等福建地区均有制作，以独有的风味，享誉海内外！"原来烧肉粽不仅是百年小吃，还是闻名遐迩的海内外知名小吃。

  中山路的1980烧肉粽据说是厦门最正宗的烧肉粽店，是到厦门必来的小店之一。这里的肉粽是可以蘸酱吃的，以蛋黄味道的最为特别，当然烧肉粽的特色就在这个"烧"字，各式的馅料也是无奇不有，有板栗的、红烧肉的、虾干的、香菇的、干贝的、花生的、莲子的、卤蛋的等。肉粽的糯米，不似南方的生糯米，而是事先炒过之后再包进粽叶里，而且在煮粽子的时候一定要等水煮沸时才能下锅烧。在我印象中，粽子都是生的，而这里的粽子是一半生一半熟，糯米是熟的，馅是生的，突出了一个"奇"字，还没走进店门，老远就闻到了糯米香混着各种馅散发出来的味道，让中山路这条街都变得诱人起来了。

  到了中山路，1980烧肉粽绝对是不容错过的美食！

中山路步行街
放空头脑，尽情挥霍

在厦门，行走是我认为最好的方式。行走中，有着思想的升华和徘徊。中山路步行街不是一个净化思想之地，却是可以在行走中放空头脑、尽情挥霍、尽情抒发情感、尽情消费的地方。这里琳琅满目，这里色彩斑斓，这里特色精致，这里有着中外各地丰富的物产，到了中山路的步行街，眼睛要比脑子累多了，但仍然是不虚此行。虽然几乎每个城市都会

有一条知名的商业街，但厦门的特色是这里的建筑——骑楼系列，东南两广地区唯有厦门的骑楼是最集中也最典雅的。

骑楼是典型的南洋建筑，楼房向外伸出遮盖着人行道的部分，楼下是商铺，楼上是居民住宅，楼跨在街道或胡同之上，底下行人可以通行，在拐弯的地方呈弧形，既有欧洲的建筑风情，又有着东南亚热带的气息。据说这种楼也是为了适应东南沿海一带夏天避暑、雨季遮风挡雨的需要而建造的。不得不说，人类的智慧创造了很多的奇迹，不同的建筑风格大都与人们的生活息息相关，要么就是与宗教相关，不是为人们的生活服务就是为信仰服务。行万里路，读万卷书，走过的地方越多，积累的知识也越多，视野也变得越宽广，当然这其中离不开一颗好奇的心。发现美总是需要付出行动和努力的，在厦门，在中山路步行街，有些小的惊喜之处还真心需要花上大量的时间去寻找，这个过程既享受又刺激。

步行街的各式小吃味道很赞，这里的沙茶面让人吃了还想吃，黄则和的花生汤味道正宗，在走了一段路之后才发现，到了步行街原来满足的不仅仅是眼睛、还有胃。

人流如潮汐，步行街在深夜中渐渐褪去了繁华，新旧不一的建筑让我对这里印象深刻，不久或许我还会再来。

新厦虾面（人和路店）

味道就是好

　　临海的城市总是与虾有着说不清道不明的"情缘"。在人和路小巷子里，有一家非常不起眼的店，但人却很多，而且人们都对这里赞不绝口。如果不是网上推荐，估计没有游客会关注到这么一个不起眼的小店。走了好久，一家一家地寻才来到这里，里里外外挤满了人，这家小店以接地气的特色赢得食客的广泛好评。俗话说"酒香不怕巷子深"，味道比什么都重要。

最多游客知道的厦门就在这里

　　分享是一种美德，让更多的人了解这里，是我一直想做的事情。

　　小店推荐菜主要有新厦虾面、白金枪鱼、大虾天妇罗、煎蛋、吞拿鱼沙拉、刺身拼盘等，其中新厦虾面是进店必点美食。一碗面条15块钱，价格很接地气，一筷子下去，面条超弹，几个小虾仁几片瘦肉，口感鲜甜，不管是面还是汤，都很鲜、很爽，吃到汗流不止，能找到这里品尝到如此的美味真是太棒了。

　　这时的厦门是新厦虾面的味道，我已被美食征服。

台湾小吃街

地道台湾味儿

　　中山路隔壁的一条街就是台湾小吃街，这条连接八市和轮渡的人和路算是厦门的一条老街，如今它成了首条设在大陆的台湾小吃街。高雄六合夜市的邱记炭烤、无骨鸡脚冻，台北士林夜市的好大块鸡排、大肠包小肠，基隆庙口夜市的吴记鼎边锉、台南东哥鱼卷……在这条208米长的人和路上都能品尝到。

最多游客知道的厦门就在这里

人和路是1930年前后开辟的,是继大同路之后开辟的一条路(大同路是以孙中山"世界大同"的思想命名,而人和路则有"政通人和"之意)。"这条路就像一个穿着很朴素但其实很有钱的富翁。入驻这条街的商家都是资金实力非常雄厚的'顶盘',都是做大生意的。"人和路曾经是当时一些大商家聚集的地方,就类似于现在的高档写字楼,一楼一般是账房货栈,二楼办公,没有门市商场。从麻辣、烧烤一条街到闽台特色商品一条街,再到现在的台湾小吃街,几经波折后,人和路又重现了昔日的繁华。

林记老思西沙茶烤肉（思西总店）

独特的沙茶酱

当韩国的烤肉店风靡全国的时候，厦门的林记老思西沙茶烤肉店也如火如荼地经营着。厦门的林记老思西沙茶烤肉店之所以被记住，还真是因为这个叫起来有点蒙古味道、有点闽南风味又集合了一丝南洋风情的名字。坐落在中山路的这个店也因为中山路的名气而门庭若市。远远就看到大群的人拥挤在店门口，三五一群地集聚，焦急地等位。

  据老板介绍，他的技艺是祖传的，经过几代人的努力才有了现在的老店，整个老巷局口街的街口都因为有他家的烤肉店而变得食客众多，远远路过便能闻到一阵烧烤的鲜香。烤盘里烧过的肉汁四处飞溅，食材不是这家店的精髓所在，用老板的话说，酱才是他们的特色，也是别人所不能超越和模仿的。小店最有力的招牌就是搭配在一起蘸食所用的特制沙茶酱，这里的沙茶酱是现做现用，热腾腾地上桌，充分地将酱料的鲜香激发了出来，将原本较为平淡的烤肉瞬间提升到极致化的口感。此外，思西沙茶酱十分香醇，直接饮酌也会觉得味道不错，咸甜适中，香味十足。

  来厦门尝鲜的人们一定不能错过这里的沙茶酱和烤肉，二者缺一不可，有沙茶酱没有烤肉或有烤肉没有沙茶酱，味道都会大打折扣。总之，这是一家奇特的烤肉店，旅途中怎可错过这样的美味！

厦门，这座城

胖胖啤酒马
德国鲜啤，你值得拥有

当厦门的夕阳还没有从海平面完全落下去的时候，沙坡尾艺术区各家酒吧门口的霓虹灯已经迫不及待地亮起来了，一下子将沙坡尾的氛围点缀得分外迷离。在一片灯红酒绿中，这家在艺术西区靠里位置的胖胖啤酒马，用它酷酷的装饰风格、巨大壮观的工业风，每晚吸引着众多慕名而来的游客和喜欢这里的忠实拥护者们。

　　胖胖啤酒马是厦门唯一一家由德国人亲手酿酒并对外开放的鲜啤酒吧，在这个热闹的啤酒屋里，鲜啤流转于吧台和各个桌间，长长的玻璃酒壶装着淡黄色新鲜的啤酒，在灯光的映照之下，啤酒的色泽鲜亮无比，浓浓的泡沫在酒壶和酒杯之间欢快地舞蹈，而桌边的人们一个个神采奕奕，在摇滚音乐的引领下，兴奋的氛围感染着每一个来到这里的人，不禁让人想起："今肖酒醒何处？"

　　确切地说，胖胖啤酒马是一间两层的用废弃钢筋厂房改造的带有金属摇滚风的酒吧。大门左侧的墙面画着一匹威风的黑马，强壮的黑马让酒吧显得力量感十足，店门两侧直到吧台到处都是工厂的旧金属钢管，和条形的吊灯搭配，丝毫没有废旧感，和谐之中更显出酒吧硬朗的风格，似乎在这里不飙酒就不能称为硬汉。

　　胖胖啤酒马似乎更像是男人们的夜店，强有力的音乐节奏带动着一群人的狂欢，在躁动的夜晚，有这样一个地方属于个性的你我，醉了就醉了，酒醒之后的明天依然美好。

鹭江道夜色
曲终人散的夜幕之下

每次到厦门都不忘思明商圈。都说思明区是厦门的一道城市风景线,在这个区里有着老厦门的独特韵味,也有着历史文化的厚重,那浓郁的异国风情和典雅浪漫的国际风范让思明区变得越来越"高大上"。华灯初上,那些绚丽多姿的动人夜景彰显着与众不同的味道。鹭江道就是夜色中最出众的"美女",几乎每位来厦门的游客都会到鹭江道欣赏这绝美的夜景。

　　夜幕慢慢地降临，各式的霓虹灯把鹭江道映照得色彩斑斓，灯与路的辉映，光与色彩的结合，为鹭江道上鳞次栉比的建筑披上了绚丽无比的衣裳。鹭江道的美丽，是那宁静的夜晚给予不同人的安慰。在云薄月淡之中依然可清晰地看到绿树笼罩在一片似薄雾、如轻纱的朦胧之下，华丽和绚烂让我不经意间就迷失在这夜色之中，视线随着大海的尽头越走越远。

　　夜晚的海风轻吹，波浪拍打岸边的岩石，一眼望不到边的海岸线，在些许灯光的倒映下泛起星星点点的波光，汽车在路面掠过，游人在路面行走，还有灯光的映射，从各种角度看都是美与自然的共鸣和统一。鹭江道过了晚上 10 点人会越来越少，几乎就是零星的小伙伴在昏暗的海边点缀了一下夜色，若是没有那些灯光，鹭江道也就平常了起来，毕竟大海的宽度不像江面，黑夜的魔力似乎更加突出。如果是一个人行走在这样的夜色中，会有些凄凉，当灯光退去，曲终人散的孤独感也油然而生，厦门这个包容的城市却藏不下我的情绪。我不喜欢在鹭江道上当夜行人，在这里找一个恬静的地方看夜色匆匆更能充盈我的内心。

　　到此，厦门之旅就要说再见了。在路上也好，在自己的世界也好；白天也好，夜晚也好，厦门的点点滴滴闪现在脑海中。欢乐也好，痛苦也罢，这一路的所有都值得我珍藏永久！

厦门，这座城

本图书由北京出版集团有限责任公司依据与京版梅尔杜蒙（北京）文化传媒有限公司协议授权出版。

This book is published by Beijing Publishing Group Co. Ltd. (BPG) under the arrangement with BPG MAIRDUMONT Media Ltd. (BPG MD).

京版梅尔杜蒙（北京）文化传媒有限公司是由中方出版单位北京出版集团有限责任公司与德方出版单位梅尔杜蒙国际控股有限公司共同设立的中外合资公司。公司致力于成为最好的旅游内容提供者，在中国市场开展了图书出版、数字信息服务和线下服务三大业务。

BPG MD is a joint venture established by Chinese publisher BPG and German publisher MAIRDUMONT GmbH & Co. KG. The company aims to be the best travel content provider in China and creates book publications, digital information and offline services for the Chinese market.

北京出版集团有限责任公司是北京市属最大的综合性出版机构，前身为1948年成立的北平大众书店。经过数十年的发展，北京出版集团现已发展成为拥有多家专业出版社、杂志社和十余家子公司的大型国有文化企业。

Beijing Publishing Group Co. Ltd. is the largest municipal publishing house in Beijing, established in 1948, formerly known as Beijing Public Bookstore. After decades of development, BPG now owns a number of book and magazine publishing houses and holds more than 10 subsidiaries of state-owned cultural enterprises.

德国梅尔杜蒙国际控股有限公司成立于1948年，致力于旅游信息服务业。这一家族式出版企业始终坚持关注新世界及文化的发现和探索。作为欧洲旅游信息服务的市场领导者，梅尔杜蒙公司提供丰富的旅游指南、地图、旅游门户网站、App应用程序以及其他相关旅游服务；拥有Marco Polo、DUMONT、 Baedeker等诸多市场领先的旅游信息品牌。

MAIRDUMONT GmbH & Co. KG was founded in 1948 in Germany with the passion for travelling. Discovering the world and exploring new countries and cultures has since been the focus of the still family owned publishing group. As the market leader in Europe for travel information it offers a large portfolio of travel guides, maps, travel and mobility portals, Apps as well as other touristic services. Its market leading travel information brands include Marco Polo, DUMONT, and Baedeker.

DUMONT 是德国科隆梅尔杜蒙国际控股有限公司所有的注册商标。
DUMONT is the registered trademark of Mediengruppe DuMont Schauberg, Cologne, Germany.

杜蒙·阅途 是京版梅尔杜蒙（北京）文化传媒有限公司所有的注册商标。
杜蒙·阅途 is the registered trademark of BPG MAIRDUMONT Media Ltd. (Beijing).